贫富之惑

美国如何才能消除贫困

SO RICH, SO POOR

Why It's So Hard to End Poverty in America

Peter Edelman

[美]彼得·埃德尔曼——著

苏丽文——译

生活·讀書·新知 三联书店

图书在版编目(CIP)数据

贫富之惑:美国如何才能消除贫困/(美)彼得·埃德尔曼著;苏丽文译. —北京:生活·读书·新知三联书店,2019.10
(美国经济新观察丛书)
ISBN 978-7-108-06509-4

Ⅰ.①贫... Ⅱ.①彼...②苏... Ⅲ.①贫富差距—研究—美国 Ⅳ.①F171.247

中国版本图书馆CIP数据核字(2019)第040050号

责任编辑 麻俊生
封面设计 储 平
责任印制 黄雪明
出版发行 生活·讀書·新知 三联书店
(北京市东城区美术馆东街22号)
邮 编 100010
印 刷 常熟市文化印刷有限公司
版 次 2019年10月第1版
2019年10月第1次印刷
开 本 880毫米×1230毫米 1/32 印张 8
字 数 139千字
定 价 38.00元

目录

导言

近半个世纪前，我曾有幸在美国参议院为罗伯特·肯尼迪(Robert Kennedy)工作。他这个人——可以说不同于他之后的任何一位总统——全身心地致力于做一些重要的事情，去解决这个国家所面临的贫困问题，解决贫困与种族交汇在一起所产生的问题。我有机会与他一起到美国各地走访，一起倾听人们的心声，与人交谈，目睹他们为生活而挣扎，从而获悉很多真实情况。

我们遇见密西西比州遭受极度饥饿折磨的孩子们，还有加利福尼亚州圣华金河谷(San Joaquin Valley)的那些为争取合理的工资和为组建工会而斗争的农场劳工。在纽约附近的贝德福德-斯图文森地区(Bedford-Stuyvesant)，我们和当地人一起，要求实现社区经济自治；在肯塔基州东部，我们看到前煤矿工人长期身陷贫困，还在与残存的封建式地方政治奋力抗争;在纽约北部,我们碰巧遇到坐船到离家千里之外的白人寄宿学校上学的土著居民的孩子们,以及居住在废弃公交车里的外来农场工人。我对贫困意味着什么有了更多的了解,而且可能比我从书本上了解到的要更为真切。

在我内心深处注定有某种东西,一直挥之不去。我是在大屠杀事发后不久长大的犹太人,当时我所生活的明尼阿波利斯市(Minneapolis)反犹太情绪非常激烈。令我引以为傲的是,我父亲得到时任市长休伯特·汉弗莱(Hubert Humphrey)的任命,就职于他所创建的人际关系协会(Human Relations Council),该委员会主要是解决人们对犹太人和其他一些团体的偏见问题。而且我可以确定,大屠杀使我形成了对受轻视的少数族裔易受伤害情况的看法。

在肯尼迪逝世以后,我常常把那些从他那儿及同他一起了解到的问题重新联系起来,尤其是与未获得公平机会的年轻人有关的问题联系起来。20 世纪 70 年代早期,我担任马萨诸塞大学(University of Massachusetts)副校长一职,这为我帮助年轻人拓宽工作机会提供了便利。同样地,在新当选的纽约州州长休·凯里(Hugh Carey)的领导下,我受命管理青少年矫正机构,得以延续这一模式。而在乔治敦法律中心(Georgetown Law Center)担任教职,则让我有机会讲授与贫困相关的知识,同时将我的想法形成文字。在克林顿执政时期，和唐纳·沙拉拉(Donna Shalala)一起共事则给了我解决贫困问题的机会。当我由于抗议克林顿1996年签署的福利法案而从政府部门辞职后，我要做的事情就变成了一项更为重大的使命。

可以说，在这方面，我所做的事情是一件紧接着一件，一做就是40多年。我一直都在努力通过这样或那样的方式，力争在减少美国贫困问题上小有作为。如果我是“逃出埃及”的一部分，我将努力把它变为上帝的“应许之地”。

事实上，我仍然在为此事奔忙。撰写本书的目的就是要以全新的视角去探寻为何终结美国贫困如此之难，以及我们如何才能做得更好。我恰巧现在动笔撰写此书的原因是，在过去的10年里，贫困问题日益严重，将贫困问题提到举国上下均应优先关注的议事日程上来，比任何时候都更为重要。

我不是因为感到徒劳无果才写此书的。当然，那些关心贫困问题的人都希望我们取得更大的进展，但是，就像我将要解释的一样，我们已经取得了许多成就。“所做一切毫无效果”的说法纯属谣传。即使最近形势有所恶化，政策带来的收益远远超出了政策造成的损失。问题是政策带来的收益由于经济走势的影响而失效，因为经济的发展虽然使超级精英们的财富和收入激增，并达到前所未有的高水平，但它却侵蚀掉了数百万人的收入。

这一点不能不加以改变:“美国”和“贫困”不应该是出现在同一语句中的两个词。我们是世界上最富有的国家,可我们竟然还有贫困,这两者是相互矛盾的,而我们的儿童贫困率居工业化国家的榜首,这更是令人羞愧不已。

究其原因并不是我们国家不够慷慨。美国人自愿捐钱出力做慈善事业,他们在为无家可归者设立的庇护所和施粥店帮忙,他们指导和辅导低收入家庭的孩子,他们建立奖学金,如此等等。我们有着世界上无可匹敌的非营利机构。

但与此同时,公共政策就要另当别论了。国会中的自由派成员说,就在眼下,向较为保守的同事(而不仅是共和党人)提出含有“贫困”一词的议案,是一件立即惹人生气的事情。无家可归的退伍老兵?可能有吧。贫困?绝不可能!而“福利”一词——在当今很多词典中,是个贬义词。

我原本以为,大萧条会使我们再次献身于减贫事业。我原本以为,受贫困冲击的那些自认为经济上有保障的数百万人可以积极参与减贫事业,大力支持对已然和新近陷入贫困的人给予关心和同情的政策。在奥巴马政府执政伊始,情况似乎如此。

巴拉克·奥巴马(Barack Obama)总统的刺激法案投入了巨额资金用于延长和增加失业者领取失业津贴的时间和金额,并对新近失业者提供其他救助,还为那些在危机来临前就已生活潦倒的人提供重要的临时性支持和帮助。食品救济券发放范围暂时有所扩大,收入所得税抵免和儿童税收抵免幅度增加,住房优惠券的发放力度加大,对无家可归者提供更多帮助,在幼儿启智计划(Head Start)和儿童保健上注入更多的资金,还有很多很多——所有的这些措施都减轻了经济危机对已然陷入贫困群体的人的影响,并且让多达 700 万人免于陷入贫困的泥潭中。

尽管如此,从 2007 至 2010 年,仍有 900 多万人陷于贫困之中。经济危机程度之深要求我们做出更多的努力,虽然我们所做的一切已经给人留下了深刻的印象。

然而,即使在奥巴马总统采取积极措施之际,他也很少用到“贫困”一词。官方网站在详细介绍他的《复兴法案》(*Recovery Act*)内容时,使用了“易受伤害的”这个词,形成了与低收入者相关的那部分法案的特点。他极少使用“贫”这个字,这让我很是失望。他总是强调中产阶级,却极少提及身处社会底层的那些民众,这一行为让我深感不安。我们的总统,身居国家第一要职,他比任何人都有力量教育和引导我们关注每一位国民。

也许说出这个问题重重的“贫”字将危及刺激计划的执行。但是,我依然相信,我们国家的领导者们不愿意让国民直言不讳地探讨美国所面临的贫困问题的这一做法是有害的。我们许下承诺,要为所有人提供机会,但是在我们国民的话语中，对五分之一孩子的真实情况遮遮掩掩，这种做法让我们的承诺成为笑柄。即使是现在，在“我们是那 99%”的口号已引起广泛共鸣、对不平等现象倍加重视的情况下，更加密切关注的仍是占有社会财富巨大份额的上层那些人，而非在社会底层苦苦挣扎的人群。应该将对贫困问题的讨论置于经济不平等和社会没有流动性这一更为广泛的背景下展开，但是数百万人处于贫困之中的严峻现实及其更为严峻的未来显然必须是讨论的部分内容。

生活在保罗·克鲁格曼(Paul Krugman)所称的“双速世界”中，我们已经变得越来越安分。我们身处的是一个两极分化的社会——这一边是有保安看守大门的封闭式高档社区，那一边是破陋阴森的贫民窟；这边的人坐拥豪华游艇，而那边的人连救生圈都买不起；这边有人拥有私人飞机，而那边的孩子们甚至在可能想要飞翔之前双翼就已被剪断。我们需要一场更为诚实、更为坦率的大讨论，而且是宜早不宜迟！

在那一政治时刻，无论奥巴马总统没能直言不讳地谈及贫困问题是对或是错，事情仍是迅速朝着令人失望的方向发展。很多民众态度冷淡，甚至面对这场经济危机的受害者亦是麻木不仁。假意支持消灭赤字的鹰派分子声称，有必要立即采取紧缩政策，防止财政末日的降临，并且找到了心甘情愿的支持者。那些已然陷入贫困的人们，在奥巴马成功当选之后,只在电视屏幕上短暂逗留,而后就被排出了公众的视线。

自 2011 年夏季以来,由于为了提高债务上限而达成的恼人的预算协议,由于联邦和地方财政极度恶劣的状况,由于经济的持续疲软,贫困者面临着看似长期困扰我们大部分人的最糟处境:就业前景渺茫。共和党人甚至拒绝考虑增加税收,而同时却要求大幅度削减赤字,这无疑预示着在联邦政府层面为贫困者设立的项目将会缩减到少之又少。一贫如洗的州和地方政府,其中有一些显然有扶贫帮困的热情,却已经开始大刀阔斧地削减可以减轻其痛楚的项目。

一直以来,直接用于削减贫困的公共政策很难赢得广泛支持。太多的美国人对帮助贫困者的公共政策持有怀疑态度,尤其是当他们在自己的脑海中审视“贫困”的时候。从《圣经》开始一直到后来伊丽莎白时期颁布的贫困法案,在整个历史长河中,总有一些人本能地相信,贫困者不能责怪他人,只能怪他们自己。该谬见在美国有一个特殊的版本,即霍雷肖·阿尔杰(Horatio Alger)式神话,这个神话告诉人们,一个人取得成功或是遭遇失败取决于自己是否努力。开拓精神和顽强的个人主义——普遍崇尚的价值观——造就了美国版的“都怪贫困者”的故事。

我们应当清楚的是,自新政实施以来,公共政策的确已经给贫困者的生活带来了巨大变化。从 1935 年《社会保障法案》颁布开始，到 20 世纪 60 年代，我们实际上已经取得了很大的进步——逐步取得的进步，有时普通大众注意不到，但经常在时机出现时陆续取得的、日积月累的进步，然而对那些受益者来说却是至关重要的进步。在削减贫困方面，我们已经有许多行之有效的政策和项目，这正是本书的要点。

我们出台了医疗补助计划(Medicaid)和儿童健康保险项目(Children's Health Insurance Program, CHIP)，许多低收入群体的健康指标得到很大的改善。我们实施了食品救济券制度，使我们在美国一些地区所看到的近乎饥饿的状况得到改善。我们制定了所得税抵免(Earned Income Tax Credit)和儿童税收抵免政策(Child Tax Credit)，使得那些家有子女的低收入者的收入有所提高。我们设立了佩尔奖助学金项目(Pell Grants)，由此数百万人能够读得起大学，否则的话，他们将永远被拒之于大学校门之外。我们制定了补充收入保障计划(Supplementary Security Income, SSI)，提高了那些劳动收入无法提供足够社会保障的老年人和伤残人士的最低收入水平。除此之外，还有更多的举措——住房券、幼儿启智计划、儿童保育设施、贫困者法律服务等，这里仅举几个例子。虽然对贫困一词避而不提，但奥巴马政府和议会还是将 1 600 多万人纳入到《可负担医疗法案》(*Affordable Care Act*)下的医疗补助计划当中，拨款数十亿美元用于改善低收入家庭儿童的受教育状况，在最不富裕者身上支出了令人意想不到的大笔费用——在所谓的《复兴法案》实施过程中，支出数额超过 150 亿美元。

轻描淡写地说上一句——如许多保守派人士所为——“我们发起了一场消除贫困的战争，而贫困赢了”，就因为贫困依旧存在，就像是在说《清洁空气和清洁水法案》(*Clean Air and Clean Water Acts*)失败了，因为污染依旧存在一样。然而，时至当下，贫困现象仍势头正盛。

本书的主要内容

在本书中，针对已经发生的事情和我们还需要做的事情，我阐明了我的四大主要观点。从 1968 年的那个制高点，即罗伯特·肯尼迪去世时我们所达之处，我们一路走下去，沿途一直有许多令人惊讶的事情发生。我认为任何现期事情都将影响我们对未来的看法；对我而言，情况确实就是这样。我没有预见到 1968 年后发生的许多事情将会限制我们继续取得 20 世纪 60 年代中期那样进步的能力。

于是乎，我阐述的第一个主要观点是我们必须明白为什么，尽管有罗斯福的新政、约翰逊的伟大社会所取得的成就，而在此以后，我们仍然有这么多身陷贫困的人。有三股力量——他们在很大程度上都是 1968 年无法预料到的——对过去40多年美国贫困的发展进程负有责任。其中最为重要的一股力量是美国经济中所发生的根本变化。高薪资、低技能的工作走向海外,或让位给自动化;低工资的工作变得无处不在。数百万人的现状不及他们父母过去的情形,甚至更多的人虽在拼命努力却无法改变现状。第二是单亲家庭,通常是母亲支撑的家庭数量的大幅增加。过多的低薪工作使得只有一人挣工资的家庭越来越难以维持生计。第三是种族和性别对谁贫穷和谁不贫穷而言关系重大。尽管在20世纪90年代有很大改善,但是少数族裔和有孩子的单身女性要比白人和已婚夫妇贫穷得多,而且对种族和性别的态度仍然是贫困政治的主要驱动力。

第二,本书涉及的主题不仅仅只是贫困。更为严重的是,极度贫困者(生活在贫困线一半以下或三口之家年收入少于9 000美元的人)的数量在不断增加。在2010年,竟有2 050万人生活在极度贫困之中,在短短的10年间增加了近800万人,而且还有600万人没有任何收入,只靠领取食品救济券过活,这令人感到十分惊讶。与此同时,还有一些人尽管不是贫困者但要时常拼命工作才能维持现有的生活水准,这些人也需要我们更多关注。再加上近贫者——收入低于两倍的贫困线或四口之家年收入低于44 000美元的那些人——使得贫困者和近贫者的总人数超过了1.03亿,这一数字几乎就像令人异常震惊的极度贫困者人数一样格外引人注目。

第三，最富有者具有的令人惊叹不已的优势不可避而不谈。这不仅是关乎政治和经济的问题，而且也已经成为关乎伦理道德的问题。美国经济在过去的40年间没有停滞不前：它保持着增长的态势，但经济增长的果实落入了那些上层人士的手中。我过去经常认为，对财富问题的争论应该与对贫困问题的争论分开来进行，这样可以使反贫困倡导者因从事“阶级战争”而受到的攻击最小化。但是现在我们真的无法将这两大问题彼此分开。上层人士的经济和政治权力不仅侵蚀着我们的民主，而且几乎使底层的那些人无法找到更加有所作为所需的资源。这个问题也不仅只是涉及处于底层的那些人：今日的不平等伤及绝大多数美国人。

社会上层给我们其余人造成的危害在灾难性的住房泡沫时期以新的形式出现。动用他们的政治力量拆除了早在新政时期就开始实施的监管政策的关键要素之后，处于社会上层的这些人——在一群充满渴望又同样贪婪的位低任重的士卒的帮助下——造成了昧着良心向数百万人无节制地发放掠夺性的次级贷款的局面，致使这些人最终失去了一切。或许这一新型抵押担保证券的一些创造者有合理的借口，他们为收入数十年一直未变或下降的那些人发现了一条创富之路，但是很多人完全明白他们是在从不富裕的人那里谋取自身利益。

第四,如果我们想在减贫方面取得更大进步,就需要在很多方面采取果敢的行动:公共政策和私人行动、全国和地方的主动性以及跨越许多领域的措施——工作所得、工作支持,如儿童保育、安全保障网措施、健康、住房、刑事司法改革、各种公众服务,以及在教育和儿童发展上的投资。公共政策是必不可少的,但是公民行动同样也是不可或缺的。每日发生的数百万次既有职业上也有通过自愿活动形成的一对一、一个接一个的联系,将会使情况大不相同。个人责任也是绝对必要的,这应该是一个不言而喻的事实。而且,就在现在,我们仍然需要采取重要措施,让美国人重返工作岗位。如此之多的国会议员不加思索,立即反对这些想法,这是令人不能接受的,我们必须保证他们对公众负责。

除了使我们的人民重返工作岗位并保护我们在使人们摆脱贫困方面所取得的成果这一紧迫任务之外,还有两大任务是我们的当务之急。这两大任务都要求积极解决今日显然存在的不平等问题:其一,设法做到让最富有的美国人和大公司缴纳的税款至少与他们在 2001 年以前缴纳的税款一样多;其二,解决我们面对的最糟糕的贫困问题——除了没有任何收入的那 600 万人和深陷于贫困之中的那 2 050 万人。

今天,这些事情更是迫在眉睫。从 20 世纪 60 年代到 2000 年,在抗击贫困的斗争中,我们坚守自己的信念,毫不动摇,尽管在 20 世纪 80 年代曾遭遇严重挫折。21 世纪的情况,迄今为止,是截然不同了。所有反映贫困和经济困难的指标都说明,自从千禧年以来我们是在朝着错误的方向前行,而且在近些年步伐大大加快。官方已经正式宣布这场经济衰退"结束了",然而贫困仍在持续增加。在不久的将来,情况有所好转的前景较为暗淡。

我们还需要正视这样一个事实,即,这次——这个世纪——可能不会像过去一样。我们已经失去的工作可能永远也不会再全部找回来。在未来的一段时间里,低薪工作可能比较多,但却没有足够的就业机会。人人都有提升的机会这种事情愈发像是在小说中才有的情形。我们可能需要付出更多的努力,才能更充分地享受到我们的国家所给予的慷慨赠予。能否果断地采取行动始终是我们亟待解决的问题。

第一章
近期窘境一瞥

有两个故事很好地概述了可怕的贫困现状与同样可怕的贫困政治现状，二者形成鲜明的对比。

第一个故事讲述的是贫困本身——尤其是最贫穷的人。

杰森·德帕尔(Jason DeParle)是一名资深记者。他深切关注美国的贫困问题，这本身就很与众不同。他聪明，有创造力，做事一丝不苟。作为《纽约时报》(*New York Times*)的撰稿人，他因而享有双重的优势：做大项目所必需的资源和报刊记者所能获得的最广泛的读者群。

在2009年的某一时刻，德帕尔开始想知道国家安全保障网络在减轻经济衰退的影响方面所起到的作用有多好，特别是食品券，现在被称为“营养补充援助计划”(Supplemental Nutrition Assistance Program, SNAP)。

他获悉,在经济衰退期间,领取食品券的人数量暴增,但他想要对各州和各地之间食品券领取情况的差异及其原因进行更多的了解,而不仅仅是联邦政府从各州收集来的数据。于是,他与各州取得联系,索要相关的数据。他经常被告知这些信息是保密的;有时,他不得不以违反信息自由为由威胁要起诉对方。在其他时候,他还得去找上级主管部门,去找立法机构,或威胁说他要这样做。但是他通过各种各样的办法确实得到了这些数据。最终形成的是以竭尽全力应对困境的个人故事加以说明的一系列强有说服力的调查结果。他所了解到的甚至比预想的还要多。

德帕尔要寻找的是州与州之间以及地方之间情况不同的详细原因,但他发掘出来的最重要的数据着实令人震惊不已。数据包括申请者的收入,还有在 2009 年,由 600 万人组成的 200 万个家庭的唯一收入来源竟是食品券。[1]可以说,这些数字甚至可能会更高一些,因为我是在两年之后才写这本书的。

这怎么可能?其答案在于福利或现在所称的"贫困家庭临时救助计划"(Temporary Assistance to Needy Families, TANF)出了什么问题。关键的一点是尽管有领取食品券的合法权利,却没有享受福利的合法权利。当比尔·克林顿(Bill Clinton)总统在 1996 年签署"贫困家庭临时救助计划"的时候,他不仅是终结了我们所熟知的福利计划,而且其行为实质上是结束了政府对国内许多地方有孩子的低收入家庭的现金救助。随着大萧条的到来，为有孩子的家庭提供救助的政府安全保障网络出现了巨大的漏洞。

所以“营养补充援助计划”是我们现有的、基于需要(几乎)普遍可以享受到的一项收入救助计划。你走进政府机关办公室(或者,更好的做法是,使用迅速发展的申请渠道之一,以电子方式申请福利),他们必须给予你依法得到保证的福利。而且,因为联邦政府支付全部的福利费用(但不是所有的行政成本),所以对各州来说,这笔钱是免费发放的(但是即便如此,各州的参与率相差还是很大,比如,在符合条件的加州人中,只有一半的人获得这一福利)。

当然,食品券提供的收入远远不足以维持家庭生活,因为其目的只是帮助缓解饥饿状况。对一个没有其他收入的三口之家来说,他们得到的福利是每月 526 美元,或者每年 6 328 美元。[2]这个数字约是作为贫困标准的收入水平的三分之一,而这实际上还是由于《复苏法案》(*Recovery Act*)的实施而暂时得到提高后所达到的水平,但这是一项法律赋予的权利。

在乔治 · W. 布什(George W. Bush)就职之际,有 1 720 万人申领食品券,这个数字自 1995 年以来每年都有所降低。申领食品券人数的减少是因为在过去 5 年里,经济形势好转,进而也惠及底层民众;另一个原因是,曾是

1996年福利法案一部分的福利计划有所销减，使领取资格受到限制。到2007年，这一人数回升至2 630万，其部分原因是2001年以来，低收入群体的地位不断恶化，更为重要的一个原因是，布什政府做出了一个有些出人意料的决定，即签署法案，大幅增加享有食品券资格的人群，提高他们的福利水平。在许多方面，布什总统并不是穷人的朋友，但在食品救济券方面，他比克林顿总统取得了更大的进步。

截至2011年5月，该计划已连续实施了37个月，“营养补充援助计划”的接受者每天增加2万人。到2011年的秋天，这一数字接近4 600万；有七分之一的人和四分之一的儿童在接受食品救济。[3]

所以，“营养补充援助计划”一直是一股强劲的反衰退力量。而“营养补充援助计划”只是整个故事中好的那一面。

现在看看故事的另一面——为什么会有600万人除了食品券之外无任何收入。重要的情况是，我们的救济金到底出了什么问题。当经济出现衰退并持续下行时，接受食品救济的人数从2 630万增加到4 600万。但是，测量福利的指针几乎没有变动。在2007年10月，有390万名母亲和儿童接受“贫困家庭临时救助计划”，这一数字与20世纪90年代早期的1 400多万人相比有所降低。3年后，失业率仍处于最高水平，而接受“贫困家庭临时救助计划”的人数只是略微上涨，达到450万，尽管有很多人需要帮助，而各州都有救助资金帮助这些人，只要他们想这样做。[4] 当仅有1%的人口会获得救济金的时候，食品券就成为大多数人唯一的救济来源。无论安全网对“境况变好”的贫困者功效如何——因所得收入税抵免和儿童税收抵免（以及食品券）成为对有工作收入群体的收入补贴——大部分身处社会最底层、几乎没有工作的人能够得到的只有食品券。

为什么在经济衰退时福利未发挥任何作用，而且即使在没有经济衰退时在很多州也几乎无多大意义？原因有两个：其一，正如前面所述，合法享受福利的权利已不复存在；其二，美国大部分地区福利机构的办公文化是将人们拒之于门外。在一些地方，有些做法显然自相矛盾：某一州或郡因努力扩大服务范围帮助人们获得食品券而深感自豪，而同时又制定了将那些前来申请“贫困家庭临时救助计划”的人拒之门外的政策（更为仔细地分析一下就会发现，这一大相径庭的做法并不那么自相矛盾了。各州因为大力推广食品券可以得到补贴。与之相比，他们将“贫困家庭临时救助计划”的申请人拒之门外可以获得相当于补贴的资金。这是因为，无论待审批的申请规模有多大，这些福利机构从联邦政府获得的救济资金都是固定不变的。登入救济申请名单的人数越少，他们用作其他用途的资金就会越多）。

申领食品券人数为2 630万至4 600万,接受“贫困家庭临时救助计划”的人数为390万至450万。这可以说是触目惊心。

一言概之,杰森·德帕尔发现,在我们国家,有600万人唯一的收入就是食品券,占我们总人口的2%,即每50人中就有一个这样的人。

现在让我们把场景转到2011年6月1日在众议院召开的主题为“联邦福利计划听证会”的活动现场。召开听证会的机构是法规事务、刺激监管和政府支出小组委员会(Subcommittee on Regulatory Affairs, Stimulus Oversight and Government Spending)。担任听证会主席的是来自俄亥俄州的共和党人吉姆·乔丹(Jim Jordan),在他的个人网站上,他将自己描述为“议会中最保守的成员之一”。这次听证会特别关注的是一项新研究,该研究由美国政府问责办公室(Government Accountability Office)负责,主要分析联邦政府的重复项目。[5]

乔丹是国会的一个重要小组委员会的主席,他有权力。他的联署人,传统基金会(Heritage Foundation)的罗伯特·芮克特(Robert Rector)先生,是保守派中大力宣传贫困问题的领袖人物,公众对他的关注度极高。

在谈及这一问题时,乔丹说:“自从1964年林登·约翰逊(Lyndon Johnson)总统对贫困宣战以来,在州和地方层面上,美国人的社会福利支出已经达到16亿美元。”然而,并非如此。事实上,远远没有达到那么高。确实,我们已经花了不少钱来缓解和减少贫困,没有这些项目,我们将面临更多更严重的贫困问题。但乔丹没有将这些项目本身与它们的成就或失败区别开来。对他来说,它们仅仅是“福利”(他并不承认福利本身实际上自20世纪90年代中期以来已经缩减了三分之二)。

当乔丹结识了芮克特以后,他的议程变得更加透明了。乔丹认为:“我们向所有这些机构设立的所有项目发出了错误的激励信息。我经常这样说,福利体系明确地向到那里的单身母亲说,别结婚,别找工作,生育更多的孩子,那么你得到的钱也更多。这是对……一百多个发出了错误信息的项目……的公正的评价。”

芮克特回应道:“所有这些项目都有一个反对结婚的效应。”芮克特又继续详细说明了自己的观点,但他回应中的第一句话就已经说明了一切。请记住,芮克特所说的存在“反对结婚效应”的项目包括每一个项目,从为学前儿童而设的启智计划、为失业工人提供的再就业培训项目,一直到为养老院或临终安养院中丧偶者提供的医疗补助计划。

有600万人的唯一收入来源是食品券,还有2 050万人深陷贫困。由此可见,认为听证会上的这些对话脱离现实只是一种轻描淡写的说法,其中存在的问题可要比这严重得多。

第二章
我们已取得的成就

食品券——一个成功的故事

1967年4月，罗伯特·肯尼迪来到密西西比州，这是体察全国各地民情系列活动的一部分，旨在建立相应的体系，支持《1964年经济机会法》(*Economic Opportunity Act of 1964*)的重新授权，即抗击贫困的战斗。密西西比州拥有庞大的启智计划项目。人们普遍认为，密西西比州在民权和反贫困方面堪称先驱，但却深陷于政治困境之中。法律赋予联邦政府的权力，使其能够绕开任何拒绝接受联邦资金的州长，将资金直接颁发给非营利性组织。这种事情在密西西比州曾经发生过，其结果是密西西比儿童发展集团(Child Development Group of Mississippi,

CDGM)的诞生,这是一个有 21 个郡参与的项目,其员工数量曾一度居整个州之首。这个项目不仅是规模庞大,而且它的领导人和大多数员工也都是民权运动的长老。州长小保罗 · B. 约翰逊(Paul B. Johnson Jr.)——继任了名气更大的罗斯 · 巴尼特(Ross Barnett)的职位——对此尤为恼怒,并且联名州内有实力的议员向林登 · 约翰逊总统施压,要求切断该项目的资金。肯尼迪前往密西西比州,表示了对该项目的支持。

然而其结果是,此次行程完全变成了与另外一件事情有关: 儿童,成千上万的儿童,几乎到了饿死的地步。为什么? 简而言之,密西西比州的白人权力机构——深谙最近颁布的《1965 年投票权法案》(*Voting Rights Act of 1965*)可能对自己所掌控的具有浓郁非裔色彩的密西西比州产生什么影响——正试图尽可能地将更多的非裔美国人驱赶出去。很多因素交织在了一起。2011 年,美国国会已经扩大了最低工资的适用范围,将农场工人纳入其中。在全国范围内,仅仅有百分之一的农场和三分之一的农场工人受到影响,但是这些农场过多地分布在密西西比州。大约在同一时间,采摘棉花的机器投入使用,还有治理棉铃象牙虫的农药也得到更为广泛地应用,再也不用手工治理棉虫了。因此,农场可能不再需要略显昂贵的劳动力,于是乎那些靠种植园为生的人们被驱逐出去。

没有了收入,这些家庭无依无靠。福利——尽管当时少得可怜,就像现在一样——对双亲家庭来说根本无法获得,而深受影响的,正是这些家庭。之前很容易获得的剩余商品,正被最近颁布的食品券项目所取代,当时食品券项目是涉及国内200万人的一个小规模法案,但该法案在密西西比的大部分地方却普遍落实到位。剩余商品难以下咽——小麦和碾碎的干小麦中通常有蛆虫滋生,而且不够用以活命——但是去火车站附近的仓库,还是可以得到一些,而且这些粮食是免费的。

与获得粮食的途径不同,如果想得到食品券的话,人们得去某个办公室,向福利工作人员申请,这些人一般对新的救济方案怀有敌意,对非裔申请者尤为如此。更为重要的是,申请者得花钱购买食品券,这笔费用对方案有变化的每一个地方人们的参与情况都产生了重大影响。收费表从零收入家庭每人收费2美元开始。零收入人群——被华盛顿农业部官员认为是一个纯粹假设的分类——在密西西比州确确实实是存在的。

其结果是——没有工作、没有福利、没有剩余商品、没有食品券——只有大范围的饥饿和严重的营养不良。肯尼迪和其他议员在丹尼尔·肖尔(Daniel Schorr)和他的哥伦比亚广播公司(Columbia Broadcasting System, CBS)摄影机的陪伴下,开始了密西西比三角洲之行,亲眼看到那些肚子浮肿、手脚长满脓疮还没有痊愈的孩子——当天晚上,整个美国都看到那天早些时候肯尼迪所见到的情形。民权律师玛丽安·莱特(Marian Wright)担任了肯尼迪此行的向导,我们俩仅于三天前相识,她后来成为我的妻子。

肯尼迪为此深感担忧,并大为震怒。他的子女们记得,他在第二天的晚餐上告诉他们,要为此做一些事情,他们必须参与进来,成为其中的一分子——这是一次罕见的勃然大怒,因为在肯尼迪家中,各成员都应该参与公共服务,这是自不待言的。就在第二天,他去面见了农业部部长奥威尔·弗里曼(Orville Freeman)。当他直截了当地告诉这位明尼苏达州前州长和其兄约翰·F.肯尼迪竞选总统时的早期支持者时,我也在场。他说:“奥威尔,你得弄些食物到那里。”弗里曼的回应是:改变无收入家庭必须花钱买食品券的这条规定,这一举措是在他的权力范围以内而不用修改法律。这只是很小的第一步,但却象征着重要的一大步。

肯尼迪将缓解饥饿列在自己工作日程表之首位。他的建议致使领域基金(Field Foundation)(由芝加哥零售业家族的纽约分公司创办,1988 年解体)派出一组医生到密西西比州,给数以百计的儿童进行体检,记录他们营养不良的程度。当他们的报告公布时,有关极度消瘦和恶性营养不良方面以及佝偻病和其他严重营养不良症状发病率的数据令人倍感震惊,于是他安排了一场议员听证会,这场听证会邀请了密西西比议员,事实上他们的确出席了听证会。约翰·斯特尼斯(John Stennis)议员感到十分尴尬,故而提议紧急拨款1 000万美元。

肯尼迪还委托在哥伦比亚广播公司工作的一个朋友拍摄一部纪录片。在他去世后,这个纪录片才拍完。镜头下,一个在圣安东尼奥医院即将死去的孩子,这个孩子出生后就严重营养不良。杰米·威顿(Jamie Whitten)在密西西比是一个非常有权力的人物,他是众议院农业拨款委员会(House Appropriations Subcommittee on Agriculture)主席,为了查明这些故事是否已经搬上了荧屏,他对该片的放映展开了一次调查。这部纪录片,非常严酷且真实,确有效果。

肯尼迪嘱咐我在全国调查这一问题出现的范围,我们很快就发现,极度饥饿的现象并不仅仅存在于密西西比州。他指派我为他安排更多的行程,以便让他能够使整个国家都关注这一问题的严重性。我们考虑去南卡罗来纳州和肯塔基州东部。他的朋友、南卡罗来纳州议员欧内斯特·弗里茨·霍林斯(Ernest Fritz Hollings)恳求他不要将自己所在州的短处曝光,并且承诺会亲自处理这件事情(在肯尼迪去世后他确实这样做了)。肯尼迪并没有去南卡罗来纳州,但他确实去了肯塔基州东部,在那里一大群媒体紧随其后。由于当时那趟行程是在1968年2月,有关他是否会竞选总统的推测正是当时的焦点。在决定是否行动之前,我们对这次的行程有周密的计划,准确发现了我们知道将会发现的实情：在肯塔基东部，同样存在着极度饥饿问题。

我们走访了大片社区，在单间校舍、高中体育馆、大学礼堂召开听证会，我们来到他们的家中，第一时间倾听他们的疾苦。主要的问题是，由于煤矿的关闭，成千上万的无收入家庭失去工作。福利仅限于单亲家庭而且一直都少得可怜，粮食救助也参差不齐。很多家庭为了更好地生活而北上，但是这不能解决每个人的问题。众议员卡尔·珀金斯(Carl Perkins)曾为该地区引入多种多样的工作培训项目，最受欢迎的少数几个项目通过参与连续的培训得以生存下来。然而，在大多数情况下，当地政治大佬及其亲信的封建统治致使普通人只能驻足圈外向里观望。如同在密西西比州一样，政治与肯塔基广泛蔓延的极度饥饿现象有着很大的关系。

那是肯尼迪所能做的最后一次走访，3 月份他全身心地投入到总统竞选活动之中，6 月被杀害。但他推出了一个被证明是极为成功的方法。参议员乔治·麦戈文(George McGovern)继承了肯尼迪总统的遗志，成为新设立的饥饿与营养不良特殊委员会(Special Committee on Hunger and Malnutrition)主席。领域基金的宣传融资活动也在继续，与此同时，一篇由公民饥饿委员会(Citizens Commission on Hunger)编写的报告引起了广泛关注。理查德·尼克松(Richard Nixon)总统——在其第一任农业部长、内布拉斯加大学前任校长及抗击全球饥饿运动的忠实支持者克利福德·哈丁(Clifford Hardin)的敦促下——将第一份与饥饿有关的总统咨文交给国会(约翰逊总统对此怀恨在心,因为是罗伯特·肯尼迪使这个问题得到全国的关注的,所以在这个问题上他拒绝做任何事情)。

霍林斯信守了自己的承诺。这很可能不是完全无私的行为,但是无论他的出发点如何,这一行为至关重要。南方民主党人可以说是陷入了某种困境之中。随着投票权法案的诞生,他们需要一个好的议题(如果他们能够把眼光放远一点),借此可以吸引非裔美国人的选票,而又不会失去白人的选票。他们不能直接拥护民权立法,但是救济饥饿人群是可以的。霍林斯在南卡罗来纳视察了饥饿问题,并且表示说他对自己亲眼所见的状况感到无比震惊(毫无疑问他确实是有这样的感触)。

霍林斯需要使他的南方同胞们深信,这是为了他们自己的利益而采取行动。来自美国南部地区的国会议员控制着国会中的农业委员会(Agriculture Committees),任何缓解饥饿的立法都得经过这些机构才能得以通过。如果他们决定打种族牌并且从中作梗,那么颁布一项法案将非常困难。然而,在霍林斯的施压下,委员会采取了行动——尤其是在佐治亚州的赫尔曼·塔尔梅奇(Herman Talmadge)议员的领导下,他是参议院农业、营养和林业委员会主席,也是顽固的种族隔离主义者(与更为温和的霍林斯相比)。公民权利最终会使得南方由共和党人统治,但是应对饥饿可能会放缓大清算之日的到来,因为它能够吸引非裔美国选民参加投票并且将选票投给民主党人。

所有的进展都不是自然而然发生的。麦戈文议员的特殊委员会在全国举行听证会,发表了无数的报道,引起了公众的广泛关注。到 1971 年,为该项目创建国家标准以及将食品券价格限制在家庭收入的 30%的法案得以颁布。1973 年(麦戈文议员在 1972 年成为民主党总统的候选人之后)通过进一步立法,要求到 1974 年 6 月 1 日此项目成为全国性项目。这一步非常重要,因为美国各地的农业县郡都拒绝在自己的辖区内实行食品券项目。最后的那一块积木,即在吉米·卡特(Jimmy Carter)总统倡议下通过的一项 1977 年的法律,取消了食品券的购买要求,据此食品券将可以只按照家庭收入来发放。

食品券项目发展至今日,一直得到民主、共和两党的支持,其中最有力的支持者是共和党参议员鲍勃·多尔(Bob Dole)。当罗纳德·里根总统和杰西·赫尔姆斯(Jesse Helms)在 1981 年提出大幅度削减食品券支出之时,多尔在新组建的、以共和党为多数派的参议院的领导地位是力挽狂澜的关键,尽管最后仍是出现了大幅度的削减。在 1996 年的福利法案中再次出现大幅的削减——在第一个 6 年里是 270 亿美元,并且其中只有一半得以完全恢复。相比之下,乔治·W.布什总统大力支持这一项目,其支持力度令人感到惊异,这也是在他任职期间,即使是在大萧条来临之前,申领食品券名单上的人数增加的原因之一。但是现在我们看到众议院共和党人试图将这个项目变成一项整体补助拨款——实际上是通过限制最高额度来缩减福利——正当营养补充援助计划(重申一下,这是食品券目前的叫法)已经成为数百万人的一条生命线的时候。

无可非议,营养补充援助计划是一项成功的公共政策。它最初的扩张以及在共和党总统领导下在全国范围内得到普及进入成熟状态是有效宣传的一个研究案例。它为那些没有其他收入来源的群体提供了少额的收入支撑,同时是那些苦苦挣扎的低薪工人的一项重要的收入补贴。它仅在一个福利框架下就几乎将所有的贫困者纳入其中,而且现在也已证实它本身是一个强有力的工具,可以缓解大衰退带来的破坏性影响。

为什么营养补充援助计划如此成功,尤其是与福利相比?首先,与饥饿作战比发放现金更具有政治吸引力,并有助于向选民保证这一援助不太可能会被滥用,因而容易得到支持。除此之外,在过去的半个世纪中,在反贫困方面所取得的所有成功几乎都不是以与贫困作斗争的旗号进行的,而是打着其他的旗号:医疗、住房、教育、养老、儿童保育和饥饿。我非常清楚我之前的言论,我曾说过,缺少像罗伯特·肯尼迪和保罗·威尔斯通(Paul Wellstone)这样能够站出来明确指出贫困不可接受的领导人,令我不快。但是在我们目前的政界,用其他名称来称呼它效果比较好。

布什政府支持食品券的政治决定就是这样的一个最好的例子。纽特·金里奇-鲁迪·朱利安尼(Newt Gingrich-Rudy Giuliani Rudy Giuliani)阵营公开抨击食品券是“福利”,并且开始破坏这个项目,在目前由茶党(Tea Party)驱动的众议院重新浮现出来的一种态度。布什-布隆伯格(Bush-Bloomberg)阵营欣然接受“营养援助”的叫法并且努力扩大其惠及的范围,同时布什总统向那些将食品券发放给更多人的州给予额外津贴。这一支持一部分是埃里克·波斯特(Eric Bost)所为,他来自得州,和布什总统关系密切,并且是农业部负责该项目的副部长,但是这也说明命名问题十分重要。

当然,整个食品券的故事也是深深扎根在政治团体的自身利益之中。食品行业支持食品券。农民、食品加工厂和生产企业以及零售商都支持食品券(尽管农民——想维持自己的补贴——近年来支持度在下降)。这种支持并不一直是成功的保证,但是它确实一直对所需者有所帮助,而就营养补充援助计划而言——还有不应该有人挨饿的道德感——它确实发挥了作用。

反贫困战争和伟大社会

我们可以从圣经开始描述贫困政策的历史，当然，我们联邦安全网上的某些关键构成要素，尽管是东拼西凑组合起来的，却是作为新政的一部分而得以颁布的。但是，如果我们的使命是弄清自从 1973 年贫困率已经降到了史上最低点 11.1%以来，为什么进一步减少贫困会如此困难，那么我们的探讨就应该从 20 世纪 60 年代开始。事实上，20 世纪 60 年代是现代美国反贫困政策史的开端，与此同时，也是现代美国贫困政治史的开端。我们大多数人都记得里根的声明："我们与贫困打了一仗，但是贫困胜利了。"很少有人意识到贫困率实际上在 20 世纪 60 年代大为下降，从 1959 年(我们有贫困数据的第一年)的22.4%，降至 1973 年的 11.1%。

在 20 世纪 30 年代，由于经济崩溃，有数百万人陷入贫困。在 20 世纪 60 年代，仍有数百万人口处于贫困之中，虽然少了几百万，但是现在这是在丰裕社会之中存在的贫困，可谓一种奇异的美国现象。应对这种贫困的方案是一项新的尝试。

随着 20 世纪 60 年代的来临，我们翻开了新的一页——伴随着 1954 年布朗诉教育委员会案所做出的一致决定以及 1960 年初发生在北卡罗来纳州格林斯博罗市

(Gveensboro)第一次得到高度宣传的学生公民权利静坐运动而开始翻开的一页。在民权运动的推动下,美国人开始意识到人们之间存在的这些不平等现象,不仅有种族不平等,还有收入不平等。据说约翰·F.肯尼迪在西弗吉尼亚的竞选活动中让他目睹了白人的贫困,而当时由迈克尔·哈林顿(Michael Harrington)所著的《另一个美国》(*The Other America*)受到格外的关注,现在已经成为经典。

罗伯特·肯尼迪在刚刚上任司法部长时,将高中朋友大卫·哈克特(David Hackett)安排在一间与自己正对门的办公室里,并且委任他负责制订一个减少青少年犯罪的计划。哈克特从政府内外召集来专家,这一中坚力量后来发展成为反贫困战争的关键因素。与此同时,白宫的参与程度在1963年有所增加,并且在肯尼迪总统遇刺后接管了该计划工作。在肯尼迪总统被刺前参加的最后一场内阁会议上,据说他一直在涂写"贫困"一词。

约翰逊总统力劝肯尼迪的妹夫R.萨金特·施莱弗(R. Sargent Shriver)接下这一责任,分派给他起草法案和成立新机构的任务,同时不能离开已经极富挑战性的和平队(Peace Corps)队长这一职位。经过6个星期艰苦卓绝的努力,1964年3月,法案交到国会。8月20日,经约翰逊总统签署,《1964年经济机会法》成为法律,而该法案以同样快的速度得到实施。贫困之战当然不是单独的一个项目,而是一系列的单个项目,每一个项目都需要付出很大的努力才能使之运作。

对那些参与者而言,新法律确实是一场对抗贫困的战争,并且人们信心满满,认为这是一场可以打赢的战争(暂且撇开美国人将重大举措称为"战争"的不幸倾向不谈)。客观地看,这与其说是一场战争,倒不如说是一系列小规模的战役,尽管它所释放的能量确实在低收入群体中产生了重大的自主意识,同时也造就了新一代坚守公职、终生谦恭地投入减贫事业的领导人——不应该被轻视的重要成果。

究其核心,向贫困宣战是一个机会战略,也是各式各样的支持性服务——旨在将儿童、青少年和年轻人塑造成有能力的人的一揽子计划,他们因此能够在就业市场上成功找到工作并且成为好公民。它与法律服务相结合,向危害贫困者的个人和公共的习惯做法发出挑战;同时还与医疗诊所相结合,使更多的人可以享受到医疗保健。但这个战略以一种颇具争议的方式迅速结束,如其结果所证明的那样——社区组织起来帮助贫困者增强政治参与意识,以提高他们的个人生活水平以及社区生活水平,但相关活动没有直接关注创造就业和提高收入。这样做的理论依据是,1964 年的减税政策将使经济回暖并且创造出必要的工作岗位。

在签署《1964 年经济机会法》时,约翰逊总统说道:

“这一措施……提供了其标题所蕴含的答案——这个答案就是机会。因为《1964年经济机会法》的目标就是提供机会,而不是鸦片制剂。”[1]约翰逊总统并没有混淆视听。向贫困开战应采取的战略主要是要向所有的美国人敞开机会的大门。

启智计划是积极向贫困宣战的典型举措,是里根总统认为唯一的可以接受的项目,得到一致的肯定。这并不奇怪,因为出于本能,美国人会对为学龄前儿童做好入学准备而创建的“启智”计划表现出同情。就像在密西西比一样,对个别的地方项目人们会抱有政治化的成见,但是随着时间的流逝这些成见也就消失了(尽管一些与地方项目相关的重要问题依旧存在)。现如今,与启智项目相关的好消息是,它惠及整个美国一半的符合条件的儿童。当然了,该项目只惠及一半儿童的事实也是坏消息。

反贫困战争具有代表性的消极举措是社区行动,它是一个基于低收入居民区为其居民服务的另一个人力服务供给系统。其背后的核心理念——那些从该系统中获益的人在其运转过程中将有主要的话语权——是理想化的。其主要的运营思想是,传统的社会服务机构总是在低收入居民区周边画上一条红线,尤其是在有色人种居住区,并且不会为区内的居民提供服务。新的地方机构可以绕过市政厅,直接从联邦政府获得资金。其治理方法是让贫困者“尽最大可能参与社区行动”,从而避免被那些看到新的赞助或财政收入机会的当地政治首领所俘获。

许多市长和其他的当选官员感到十分恼怒。新的联邦资金拨到镇上来了，而他们却无权决定这笔钱该怎么花。在一些地方，社区行动机构的工作人员将居民带到市政厅，并且经常是极不礼貌地表达他们的不满。这种强烈反应不仅仅是来自公职人员。业权人对社区行动雇员所组织的拒付租金活动感到恼火，种植园主目睹反贫困激进分子在外来农场工人中煽动不满情绪。

国会的应对策略是修改法律，允许市长或县级政府对社区行动机构加以控制，之后对抗行为很快结束。然而，正是一些当地社区行动机构的这些早期失误给整个项目招徕坏名声。

在民事案件中代表贫困者及其所在组织起诉州及地方政府、农业综合企业和业权人，甚至是联邦政府本身的律师们所得到的联邦基金也随之而来地出现了问题。这一项目——1974 年改名为法律服务公司(Legal Services Corporation)——尽管资金越来越少，并且受限于其律师所能处理的案件的范围，但依旧存在，这很大程度上归功于美国律师协会(American Bar Association)多年来对其坚定的支持。

向贫困宣战的其余措施，基本上是较少有争议的。就业工作团(Job Corps)如今每年有 17 亿美元的资金。其费用高昂，因为这是一个与住宅有关的项目，但是被广泛认为是值得的。美国志愿者服务队(Volunteers in Service to America,VISTA)因为一些志愿者的激进行为在20世纪60年代饱受争议,但是,尽管如此,它还是成为经克林顿总统批准而创建的美国志愿队(AmeriCorps)项目的一个组成部分。向上跃进(Upward Bound)项目和供养祖父母(Foster Grandparents)项目依旧在运行并且十分受欢迎。社区健康中心(Community Health Centers)项目,如今隶属于卫生与公众服务部(Department of Health and Human Services),每年有超过20亿美元的预算额,并且受到两党的广泛支持。

所以"反贫困战争"并不是一场反贫困的全面战争,即使为其提供的资金水平远远超过20世纪60年代,它也不曾是一场全面战争。其中很多项目非常好,并且确实对数百万人的生活产生了巨大影响,但这是一个永远都不能近乎根除美国贫困的战略。

那么约翰逊总统的伟大社会计划(President Johnson's Great Society)怎么样?在规模和范围上,反贫困战争与其相比都相形见绌。当我们谈论伟大社会的时候,我们在谈论的是医疗保险、医疗补助,以及这一时期有重大历史意义的民权法、联邦教育补助、住房和社区发展计划、就业工作团之外的就业和培训项目,还有很多很多。这个清单包括了对低收入人群来说至关重要、影响深远的成就。

20世纪60年代确确实实是在解决民权和贫困问题上取得历史性进步的10年。约翰逊总统因在其领导下所取得的成就应该受到高度赞扬;他在民权方面,是一个最伟大的总统,仅次于亚伯拉罕·林肯(Abraham Lincoln)总统。尽管他在任职期间由于无力查明席卷美国内陆城市的那场史无前例的社会动乱之起因而颜面尽失,但他在反贫困方面所取得的成就是不容小觑的。

如果将所有的项目加在一起,我们还能说伟大社会计划实际上就是一场对抗贫困的战争吗?毕竟,在1959至1973年,贫困已经削减了一半。那么为什么在20世纪60年代贫困会这样赫然下降呢?

尽管伟大社会计划毫无疑问是一部分原因,但答案是复杂的。更为广泛的历史框架也是如此。自从"二战"以来,经济就开始蓬勃发展。虽然也爆发过一些通货膨胀和几次经济衰退,但是战后确实是一段一潮起而百船升的繁荣时期。包括少数族裔在内的最底层民众的真实收入也有所增加。工会会员人数超过整个劳动力的30%。有人曾担心过,如果战争期间的那些努力不能延续下去的话,会导致经济不景气。但是满足国内被压抑的住房和消费需求以及国外的战后重建需求使经济仍具有活力。其他国家饱受战争的蹂躏,这使美国在全球竞技场上几乎面临零竞争。《退伍军人权利法》(*GI Bill of Rights*)将大量资金注入到高等教育之中,同时也创造了机会。战争期间在工厂工作的妇女自愿回到家中料理家务，男人基本上能够用挣来的钱维持家庭开支。但是并不是所有人都有所受益。贫困者依旧存在，只不过是需要让人们看见他们。

肯尼迪当选总统的时候，经济处于不景气时期，但是战后年代仍是沿着普遍上升的轨迹运行着。民权和反贫困主张开始彼此交织在一起，因为民权积极分子意识到，有权坐在午餐柜台前吃饭并不意味着有买饭的钱。1963年3月"向华府前进"的游行是为了工作和自由而进行的一场民权运动。席卷全美内陆城市的民众游行主要起因于对工作的不满。马丁·路德·金博士遇害时正在领导的"穷人运动"(Poor People's Campaign)是一场寻求经济公正的运动。20世纪60年代的民权和反贫困立法，加上运动的宣传活动和一直处于变化中的公众态度，为非裔美国人和其他被正在升起的经济大潮抛落在后面的人打开了劳动力市场。

强大的民权法律，尤其是《1964年民权法案》(*Civil Rights Act of 1964*)中对就业歧视的禁止，都有助于开启雇主的大门。大城市的市长们——迫于民权积极分子和组织者所施加的压力(他们中的一些人是社区行动机构的雇员)——聘用了大量的有色族裔员工。非裔美国人的贫困率从1959年的55.1%降至1970年的33.5%。得到改善的就业结果促成了这一变化，并使那些从南方农村迁移到北部和西部城市地区来工作的人的工资得到增加。

福利救济人员名册的启用是另外一个重要因素。享受福利的总人数从1960年的300万增加到1970年的850万,这一增幅使很多州的家庭收入大大增加,并且对减贫起到了一定作用。福利本身并没有将家庭收入提高到足以摆脱贫困的水平,但是它能够带来分批支付的支票,贴补低薪工作,还可以给一个大家庭增加财源。它尤其有助于削减非裔美国人的贫困,因为历年来,都有相当多的非裔美国人得不到救助。公共福利与强劲的就业政策结合起来,成为反贫困战略的一个必要组成部分,20世纪60年代所发生的事情恰好说明了这一点。

民权运动和社区行动积极分子直接或间接地促进了福利权利运动的形成,这场运动进而也波及低收入的母亲们,并且鼓励她们到福利办公室去游行示威,要求给予救助。一些城市的市长感觉到政治压力,因而掌管福利的官僚机构迅速做出了积极的反应。新任法律服务律师干部告诉人们,符合条件的申请者有获得福利的合法权利,当福利官员不作为时,他们可以去法庭寻求帮助。该建议的有效性于1968年得到了证实,当时有人将这一问题送交到首席大法官厄尔·沃伦(Earl Warren)领导下的最高法院予以裁定。这是在《社会保障法》(*Social Security Act*)存在的33年里第一起交到法院审理的有关福利的案件,法院裁定该法律确实提供了获取帮助的合法权利。

领取福利人员的名单,出现了在10年中增长近3倍的情况，这主要是因为有大量的妇女——尤其是非裔美国人——她们有资格领取福利但却无法获得福利，因为在她们身处的这个世界里，福利官员完全可以酌情决定是帮助还是不帮助她们。然而，不幸的是，福利机构对现金补助的随意发放，并不包括许多可以使妇女找到工作以及一旦上了名单后再从名单上走下来的帮助。因此，重新扩充后的福利名单人数依然庞大，由此开始产生了对福利的强烈政治反应，这导致里根于 1981 年削减了福利，最终于 1996 年颁布了《福利法》。

如果 20 世纪 60 年代的各个项目加起来不是一场反贫困之战或者其本身也算不上是那 10 年里贫困大幅下降的原因的话，那么，将 1935 年到现在所有制定的法律加起来算得上是一套连贯的对抗贫困的政策、一场严肃的“反贫困战争”（假如你愿意那样说的话）吗？

答案为“是”，但是这是一个有所保留的是。美国的政策框架是拼凑而成的，并不是连贯地编制成的一套政策，但是它包括了确实产生重大影响的要件。其中的那些项目并没有遵循某一个蓝图，而是从 1935 年开始，断断续续地制定的，并且一直延续到现在。我们拥有一些极好的公共政策，然而巨大的差距依然存在。欧洲人所采用的方法更为系统化，而与他们不同的是，我们在一些领域做得很好，而在其他一些领域很糟糕。

老年人被视为是最值得尊敬的，因而在我们的公共政策中受到最好的照顾，尽管社会保障和医疗保险制度如今遭到攻击。我们可能会说，残疾人相对而言已取得了应得的地位。那些有小孩并且工作收入少得可怜的人也得到一些帮助。尽管如此，孩子们仍然是最贫困的群体，因为太多的父母找不到全职工作，或者根本没有工作，在我们的政治中，这些人是不值得救济的，尤其是他们若是单身母亲的话。没有小孩（或者没有需要监护的小孩）、身体健全、处于工作年龄的成年人，一直被认为是最不值得救济的人群，尽管，打个比方说，带着孩子的单身母亲几乎称不上是“美国政界眼中的掌上明珠”。

如果有人认为“新政”和 20 世纪 60 年代属于黄金时代，并且在这之后我们不再制定对低收入人群有所帮助的公共政策，那就大错特错了。在尼克松时期，旨在帮助低收入人群的立法（在国会由民主党控制的那一段时间里）数量大增，还包括他提出的一项给有孩子的家庭提供最低收入保证的议案，而这项提议没有得到颁布。里根总统并不是关心低收入群体的榜样人物，但是，即便如此，他还是签订了一项税收改革法案，将数百万的低收入人群从支付联邦收入所得税（具有讽刺意味的是，该规定现在是共和党强烈抵制的一个对象）中解脱出来，而且他还从 1984 至 1988 年的每一年里都签署重要的医疗补助扩大计划。老布什政府见证了具有重大意义的儿童保健立法，克林顿总统实现了主要的收入所得税退税范围的扩大和儿童健康保险计划(Children's Health Insurance Program)(以及更有争议的1996年《福利法》)的制定。当然,奥巴马总统通过了一个真正具有历史意义的卫生保健法案,该法案将1 600万名低收入成年人纳入美国医疗补助计划。

所以,我们已经取得了伟大的成就。但是,在国民收入补助结构中,存在两大裂缝和其他一些缺口,我们必须修补。第一个裂缝是,在应对2 050万人口收入不及贫困线(尽管我们对于处于贫困线50%至100%之内的人口的帮助远远不够)的一半这一问题的机制中有一个巨大的漏洞。第二个裂缝是,我们为了保证低薪工人得到能够维持生计的收入所提供的援助不足。当然,除了软弱无力的收入政策之外,还有更多不如人意的地方——通常关押太多人,尤其是有色人种的刑事司法系统,对贫困较为集中的市中心区、郊区和农村地区一直缺乏关注,还有依旧难以实现的、让每个孩子都能接受优质教育的目标。

然而,至关重要的是,要先弄清楚我们在哪些方面做得好,然后再开始讨论我们在何处出了差错。我们现有的框架,虽然有缺陷,却在2010年使4 000万人摆脱贫困[2]——仅通过社会保障脱贫的人就有将近2000万。[3]

尽管如此,我们的政治从约翰逊总统的"阴"开始,已经持续地反映出来自于右翼的"阳"。1991年,老布什选择在密歇根大学举行毕业典礼的地方(在此约翰逊总统1964年发表了"伟大社会"计划的演讲)发表演讲,将他自己的“美好社会”理念与约翰逊的“伟大社会”作对比。布什认为伟大社会的特点包括“由少数几个人负责管理的宏大项目”。他宣称，约翰逊总统“认为专家中的骨干力量确实能够关心民众，他们会计算出理想的税率、在社会项目上的理想支出率，（以及）财富和特权的理想分配”。但是，布什继续说道：“专家们所召开的私密会议，无论成效有多么显著，也不可能比得上富有绝对独创性地将以不同的方式追求理想的成百上千万人的智慧进行收集和分配的市场。”[4]

然而，约翰逊在1964年所说的原话与此不同。实际上，贫困并不是他唯一乃至主要关心的问题，而且大政府定然不是他的解决方案。他曾说：“此后半个世纪的挑战是我们是否有智慧运用……（我们的）财富，丰富和改善国民生活，提升美国的文明素养……伟大社会不是一座避风湾、一席歇息处、一个终极目标、一项已竟的事业，它是一项不断更新的挑战，召唤着我们走向可以使我们生命的意义与我们非凡的劳动成果相一致的命运。”在将一系列需要引起全国关注的问题，其中包括贫困一项列入一个冗长的清单之后，约翰逊总结道：“解决这些问题的办法，不存在于华盛顿的某个大项目里，也不能只依靠当地政府紧张的资源。它们要求我们在国家首府和地方社区领导人之间，创造出新的合作观念，一个充满创造力的联邦制。”[5]

几十年后布什的言论只是失败的大政府这一不断在

回响的、保守派一再重复的论调中的另一小节罢了。1964年以来,保守派的咒语一直就是不停地攻击大政府和给低收入群体的救助(尤其是福利)的那种咒语,说这是在促使被救助者产生依赖性。他们所操控的平台施加压力,促使联邦项目转移资金投入有所降低、不用承担责任、将诸如劳教这样由公共资金支持的责任部门的运营私有化,把资金转移到普遍采用市场模式、有志愿服务、慈善和宗教项目的州里面。当然,所谓的反犯罪和反毒品战争导致美国拥有居工业社会之首的监禁率,并且不成比例地吞噬着过多的非裔和拉丁裔美国人的生命。

即使在20世纪80年代里根削减了预算,经济形势发生变化,拉大了收入差距的情况下,我们最终在2000年还是实现了将全国贫困情况统计数字降至与1973年相同的结果,我们在减少少数族裔和有孩子的单身贫困母亲的总人数上取得了一定的进展。而在解决刑事司法和福利政策以及城市中心区、农村和其他极端贫困地区的问题方面所取得的结果却一直是更为令人感到不安。我们离我们理想中的国度还相去甚远。

第三章
我们为何陷入困境?

21 世纪伊始,美国的贫困治理恰好处于 30 年中的最佳状况。到了克林顿政府即将卸任时,贫困比率为人口总数的 11.3%,略高于 1973 年 11.1%的最低水平。[1]我们未使贫困状况好转,但也未使其恶化。

如今,情况大不如从前了,而这不仅仅是由于经济衰退。在经济衰退开始之前的 2000 至 2007 年,贫困者行列中就新增了 600 万人。在 2007 至 2010 年,又有 900 万人加入该行列。截至 2010 年,贫困人口总数达到 4 620 万人,占人口总数的 15.1%。自比尔·克林顿离任以来,贫困人口总数增加了将近 1 500 万。[2]在 2007 至 2010 年,无家可归人数增加 20%。[3]

2011 年,本已令人沮丧的消息继续恶化。皮尤研究中心(Pew Research Center)证实,目前的状况远比仅与收入相关的数字更为令人震惊。据该中心报道称，在 2005 至 2009 年，拉美裔美国人的财富中值下降 66%，非裔美国人的财富中值下降 53%，而白人失去的财富“仅仅”只有 16%。截至 2009 年，白人家庭财富中值是非裔美国人的 20 倍，是拉美裔美国人的 18 倍。[4]房地产泡沫给人们的储蓄和资产造成的损害，包括对少数族裔产生格外巨大的影响(因为他们已经成为掠夺成性的放款人的获利目标)，是显而易见、有目共睹的。尽管如此，皮尤研究中心的资料还是令人震惊不已。经济政策研究所(Economic Policy Institute)报道的数据更是令人震惊，他们认为白人家庭的财富中值为 97 860 美元，是非裔美国人的 44.5 倍。非裔家庭的财富中值是 2 200 美元，自 1983 年下降了 65%。儿童保护基金会(Children's Defense Fund)有关美国儿童现状的年度报告提供了更多的统计数据。在 2008 至 2009 年，贫困者名单中新增的儿童数量是我们所见到的最高年度增幅。公立学校无家可归的孩子仅在这一年就上升了 41%。[5]我们危难当头。在脆弱的经济与公共部门财政和政治现状之中，很难看到这些数据是否将会有所改善。在此之后，未来可能会是什么样子，亦不清楚。

本章旨在探讨尽管我们在公共政策方面做出了大量努力，为什么却没有在 1973 至 2000 年的减贫工作中取得更大的成效。不过，在开始深入探究有关问题之前，需要更好地了解我们美国是如何界定贫困的。

什么是贫困?

我们美国人对贫困的定义始于莫利·欧桑斯基(Mollie Orshansky)。50年前,她曾是社会保障总署(Social Security Administration)的一名中层官员,谷歌上有许多与她相关的内容。在某一特定领域,她实际上非常有名气。

20世纪60年代初期,就在欧桑斯基致力于自己的研究项目,设计衡量贫困的方法之时,上级正式指派她(和至今仍不太为人所知的几位同事一起)完成这项任务。他们首先将经济食品计划,即由农业部规定的最适中日常饮食安排的成本,确定为他们的研究基础。然后,使用取自1995年消费者支出调查报告的数据,把最低日常饮食成本乘以3,作为其余基本生活成本的近似值。瞧!这就是美国的贫困线。有人怀疑,他们也许想过应该把该数值估算得低一点儿,这样人们不至于太过吃惊。因通货膨胀而调整后,今日的贫困线对三口之家约为18 000美元,对四口之家为22 000美元多一点儿。[6]要设法靠此生活。

除了明显的数额不足之外,我们用于测量贫困的方法在其他方面也有缺陷。一方面,它没有将一些收入项目考虑进去。从社会保障、附加社会保障等现金福利中所得收入被包括在内,但却未包括实物福利,所以食品券和住房券(还有其他几项)都不会被视为收入。此外,所计算的是税前收入,所得税减免并没有被计算在内。没有计算这些收入,给人们的感觉就是政策没有起到任何成效。当然,如果现行的贫困线确实设定在合适的水平,那么把这些项目计入在内可以增加个人收入,进而减少被视作贫困者的数量。

但情况并非如此。欧桑斯基的方法低估了分类账目的另一边——生活成本。对生存所需的生活费用进行更准确的估算,则必然导致提高贫困线。专家估计,今天基本饮食支出的乘数应该大于7,而不是欧桑斯基所用的乘数3(这可能在一开始就是太低)。[7]乘数的变化只是一个粗略的指标:相对于通货膨胀而言食品成本实际上是减少的,但这一变化的确充分说明,我们现在使用的贫困线太低了。对实际最低生活成本的全部构成要素加以核算——包括住房、食品、衣着、公共事业、能源、医疗保健、儿童保育、工作相关开销及税赋等费用——将会更为准确,也将提高贫困线并使贫困人口数量增加,即便是考虑了收入的所有来源。美国国家科学院(National Academy of Sciences)、人口统计局(Census Bureau)和其他机构在这方面做了大量工作,研究出基于实际消费支出一定百分比的其他几种贫穷测量方法。这些方法均导致贫困线或多或少地上升,使贫困人口数量增加1至3个百分点,或者大约增加300万至900万人。[8]因为他们还考虑了收入的全部来源,并扣除了如税金、现款支付的医疗费用等,所以这些方法是一大进步。

在2011年11月,政府最终选定了较为适度的另一种方法,这就是补充贫困衡量标准(Supplemental Poverty Measure, SPM)。据此改进后的贫困测度法得出的结论是:2010年,贫困人口的数量为4 910万,贫困率为16%。[9]这极大地改变了贫困人口的分布状况。由于此前未计入的公共福利提高了家庭收入,所以根据新标准,儿童的贫穷程度显然低于官方测量数据所示;老年人则更为贫穷,因为他们要为医疗费用支付现金,这在官方的统计方法中并没有被计算在内。你可以论证补充贫困测量标准仍然低估了真正的生活成本,但更为重要的一点是,由于现在把所有的公共福利都包括于收入之中,这就很容易看出公共福利在减贫中的作用。

有一种完全不同的路径,不是衡量贫困,而是制定一个全面衡量家庭基本需要的方法。经济政策研究所[10]和扩大女性权益组织(Wider Opportunities for Women)[11]发现,可以维持基本生活需要的收入是贫困线的两倍。这其中包括目前的1.03亿贫困人口和数千万不认为自己贫穷的人口。上述这些新思路是为公共政策制定提供依据的重要工具,但出于常识和研究方法上的原因,它们并不适合作为衡量贫困的基础。

研究使用补充贫困衡量标准后会发生什么情况呢?

势必要强调对收入低于2倍贫困线的人口给予关注的重要性。在采用新的衡量方法后,收入低于贫困线2倍的那部分人口将增加到47.8%(1.46亿人);而依照官方的衡量方法,仅为34%(1.03亿人)。这么多的人出现在这个类别的一个主要原因是自付医疗费的成本,这部分支出越来越令人不堪重负。第二个原因是在高出贫困线不太多的水平上非现金公共福利在提高收入中的效应消失。当收入略微高于贫困线时,就丧失了享受大多数公共福利的资格。如果《平价医疗法案》(*Affordable Care Act*)充分发挥作用,那么自掏腰包支付医疗费用的负面效应将得到较大改观,但是补充贫困测量标准显然揭示,美国中产阶级的地位是多么脆弱。

贫困状况发生了怎样的变化?

现在的贫困状况看起来与40年前有些不同。老年人不像过去那么穷了,而孩子们却变成了最为贫困的群体。农村地区的贫困比例仍然略微偏高,这一状况反映的是大多数人处于贫困之中,但其总人数在减少,因为现在居住在美国乡村的人越来越少——然而确实住在乡村的这些人极有可能属于持续贫穷者的行列。随着大量的移民和住在城市中心区的居民涌入老城郊地区,城郊地区的贫困比例有所上升。市郊地区的贫困在2000至2010年上升了53%,而相比之下,城市里的"仅"为16%。[12]

我们在老年人身上所取得的成就并不是偶然的,也驳斥了那些认为贫困问题是顽疾,政府的政策全然没有作用的指责。在20世纪70年代初期,社保金支付额与通货膨胀挂钩,随后又颁布了社保补助金法案。这两项措施起到了巨大的积极作用。

想要知道为什么孩子们面临更为严重的贫困问题,我们就需要知道为什么他们父母的生活境遇每况愈下。其答案的核心(至少在没有额外的数百万人失业的情况下)是由于在20世纪90年代初,低薪工作开始盛行,再加上单亲家庭数量的大幅增加。低收入家庭的绝大多数收入来源于工作,[13]但是就业岗位不是工资较低,不足以让家庭摆脱贫困,就是兼职的或者季节性的,而此时工人极为需要的是有一份全年的全职工作。许多人拼命地努力工作,却仍然很贫穷。

许多双亲家庭,让家里的第二个成年人——通常是母亲——出去工作,这样就能够应付过多的低薪工作带来的问题,但是单亲母亲就没有这样的选择权,而且她们的数量从40年前赚钱能力不再增长时就开始不断增加。因此,与普遍存在的低薪工作相互影响,由女性支撑的家庭数量的增加也是造成贫困顽疾的一个主要因素。有一人以上赚钱的家庭,贫困比例仅为4%,而只有一人赚钱的家庭,贫困比例却达到了24%。[14]

当谈及种族和性别在理解有关贫困情况的叙述中所扮演的角色时,有两个故事情节,都很重要。

其一,白人贫困者的总数一直是最多的。贫困问题的症结经常被认为是美籍非裔单亲母亲太多。非也,白人才是构成贫困主体的族裔。白人贫困者数量最多,这一事实意味着许多贫困救济措施是种族和性别中立的,而且将使白人比任何其他群体获益更多。

其二,在有色族裔和单身母亲(及其孩子)中,贫穷比例仍然相对较高。这一故事情节也尤为重要。美籍非裔、拉丁裔、美洲原住民的贫困比例接近于白人的3倍。这一差异提请人们注意显然存在的歧视问题,它堂而皇之,亦更为微妙地根植于学校、刑事司法这类体制的运行之中。

因此,存在两种叙述。过去40年的经济变迁对所有种族都造成了严重的影响,但是这些事件对有色族裔的损害格外严重。经济流动性统计数字以格外引人注目的方式指出这一点:在1968年,约有45%来自非裔美国中产阶级家庭的孩子最终在成年后处于收入最低的五分之一人口之列,而在同一时期,从中等收入的环境中起步的白人孩子仅有16%落入这一行列。[15]换言之,当经济形势恶化时,来自中等收入家庭的非裔美国孩子有将近一半会在成年后陷入贫困(或近乎贫困),而只有六分之一的白人青年向下流动。

除了上述提到的这些因素之外,还有许多其他力量引发贫困,而且其中有许多力量随着时间的推移已经产生越来越大的影响。不完善的教育就是最好的例子,也涉及刑事审判或收养制度。残疾和身心不健康也是较好的例子,还有吸毒与酗酒、虐待儿童和家庭暴力。

所以,贫困有许多张面孔。住在得克萨斯州南部墨西哥裔美国人社区的家庭所面临的挑战,与居住在芝加哥极度贫困社区的家庭截然不同。一个工作经历有限、无大家庭的年迈寡妇与一个在找工作的 18 岁辍学高中生有着迥然不同的需要。正在戒酒的人、有犯罪前科的人、慢性精神分裂症患者、家庭暴力的受害者面对着各不相同的障碍。这样的例子不胜枚举。

另一个重要的维度是人们在贫困中度过的时间。大多数人只是在短(或较短的)时间内经受贫困,但是还有值得关注的一小部分人处于持续贫困的境地,在某些地区这些人也是一些负面评价的对象。在任一特定的年份中,半数的贫困人口处于拮据状态的时间可能只有一年,而四分之三的人经受贫困折磨的时间可能少于 4 年。多年以来,经历短时间贫困的人数是相当大的,因此,一个更好的安全保障网络会大幅减少在任一特定时刻贫困人口的数量。

另一方面,研究 10 年以来有多少人陷入持续贫困或反复陷入贫困之中,凸显出持续贫困的严重程度。在任一特定的一天处于贫困状态的人当中,有略多于 44.1%的人在接下来的 10 年内将会有 4 年以上的时间仍然处于贫困。在非裔美国人中,这个数据达到了 61%。持续贫困的程度既说明我们有多少低薪工作,也反映出安全保障网络的脆弱性。此外,持续贫困大量出现在集中贫困地区,在这些地区问题更加复杂,更加根深蒂固,必要的补救措施也更具有多面性。我将在后面的章节中讨论这个问题。

如上所说,在过去 40 年中,导致贫困的两个最主要因素是美国经济的变迁以及以单身母亲为户主的家庭数量的大幅增长。

超级富豪与我们其余的人

保守的批评者立即指出,我们每年花费数千亿美元来帮助低收入人群,可是他们仍然生活在贫困中。这一定是他们自己的过错,批评者们如是说,或者是政策上的错误,或者两者兼而有之。

但是保守派忽略了一个关键的事实:在过去的 40 年,美国经济确实发生了巨大的改变。工资一直没有上涨,而且由于经济停滞不前,生活在底层的那一半人也备受煎熬。面对这样的经济走势,反贫困的救济措施逆势而出。要是没有这些救济措施,更多的人将沦为贫困者。

经济确实在增长,但这种增长的果实大多落到了上层人士手中,富裕阶层所得之多令人瞠目。更加富有的上层和越来越贫困的下层之间(还有超级富豪和中产阶级之间)的差距比以往有所扩大。

即便有也是为数不多的公众意识到,在美国有一半的工作岗位,支付的年薪不到34 000美元,而且几乎有四分之一的工作所支付的工资低于四口之家的贫困线(每年22 000美元)。有一种计算方法得出,自1973年以来,处于底层的那一半人口,实际工资增长不到7%,每年增长不到0.2%。[16]通过另一种方法——我的同事、劳动经济学家哈里·霍尔泽(Harry Holzer)的方法——计算出的增值是22%,增幅确实较大,但年增幅仍然大大低于1%。无论采用哪种计算方法,全国有一半以上工作岗位的工资待遇基本上是停滞不前的。许多孩子长大成人后,有了工作,可收入却比他们父母的要低。在1991年,有14%的人报告说他们现在的工作没有前一份工作的工资高,而到了2010年,这个比例上涨至35%。事实上,从1974至2004年,30至39岁男性实际收入的中值下降了12.5%。在1968年,中等收入的非洲裔美国人,只有31%所得收入高于其父母在他们这个年龄时的收入。[17]

与此同时,在1979年,美国人口中1%最富有者的收入占全部个人收入的9%,到了2007年,这个数字飙升到23.5%。在2007年,收入排在前五分之一的人口拥有全部个人税后收入的53%。[18]在1979至2007年这20年,1%最富有者的收入惊人地上涨了275%,而处于收入底层的20%人口的收入仅仅上涨了18%[19](中间阶层的收入几乎也没有上涨多少)。前 0.1%最富有者的收入惊人地上涨了 390%。贫富差距进一步拉大,1%富裕者的收入是底层 40%人口的 1 500 倍,这一差距到 2001 年扩大到 4 400 多倍。[20]截至 2007 年,1%最富者所占收入份额高于 1928 年以来的任何一年。[21]

如果处于收入底层的那一半人口拥有基本生活所需的收入,我们就不需要那么担心超级富豪的收入对我们其他人造成的影响。但在目前情况下,美国的经济差距问题非常严重,足以上升到道德层面。

正如我之前所指出的,生活在艰难拮据之中的人数激增,尤其是在过去的 10 年。2002 年极度贫困者的总人数是 1 260 万,占贫困人口总数的 12.6%,到 2010 年已经达到 2 050 万,占贫困人口总数的 44.4%。[22]这不单是由经济萧条所导致的结果。在 2007 年经济危机真正开始之前,处于极度贫困的人数就已经达到了 1 560 万。

对收入低于贫困线 2 倍(对三口之家大约是 36 000 美元,或四口之家 44 000 美元)的人口的情况,我们听到的还不多。许多研究得出如下结论:这一数额是我们可以定义为"足够用的"实际收入水平——一个家庭可以支付每月的账单,不用在看病或看牙医时精打细算,或者能够应对诸如必须购买新火炉等意外开支这类危机的收入水平。生活在这一收入水平以下的 1.03 亿人占美国人口的三分之一![23]把所有这些人都视作"贫穷者",肯定是不恰当的，而且他们也不那样看待自己。但是这确实是一个非常大的数字，而且它肯定有一定的政治影响，虽然尚未成为一个十足的政治问题。我对这种缄默的诠释是，人们责怪自己没有做得更好或至少归咎于自己的命运，而没有意识到是经济结构让他们陷入困境。

这两组数据——生活在极度贫困之中的人数和生活在2倍贫困线下的人数——是过去40年经济和分配史以及我们疏于妥善维护安全保障网络（尤其是在底层）而造成的后果。事实上，我们的安全保障网被撕开了一个洞，我们一直以中产阶级社会自居，但坦诚地说，对大多数人而言，这并不是真实情况。

低薪经济

除了20世纪90年代后半期之外，对于工资低于中值水平的人们——收入处于下半部分的全部人口而言，过去40年的经济史是一段接近停滞的发展历程。了解这段历史，对于理解为何我们没有在减贫中取得更大的进展，以及为何所有低收入者的收入一直停滞，事关重要。这一切更大程度上是根植于低薪工作的普遍存在以及日益扩大的贫富差距，且远大于我们一般所公开承认的程度。我会在下一章详细地讨论这个两极分化的问题。

然而，如果我们没有实施我们已有的公共计划，生活贫困和艰辛的状况会比现在更加严峻。[24]过去几十年内,联邦政府新投入的大量资金,使收入低的那一半人口,特别是那些无此资金即会陷入贫困甚至赤贫的家庭,窘迫境况得到改善。几乎每一个我之前提到的政府计划,如食品券、医疗补助、收入所得税抵免等等,都直接或间接地促进了低收入家庭收入的增长。这些措施,过去是,未来也依然会是明智之举,这些资金的投入,有助于削减我国经济大规模的结构变化所造成的损害。正如我之前所说,这些举措使 4 000 万人在 2010 年免受贫困之苦。当然,这一事实并没有让目前的共和党停止老调重弹——近乎一半的美国人不缴联邦所得税,然而他们应当与大家"同舟共济,共担风险"。

我们的确有充分的理由为未来担忧。在全球化背景下,一个严肃的问题始终存在,那就是无论我们做什么,美国大量工作支付低工资的实际状况能否得到改善。不管我们国家有多富有,倘若我们在全球的竞争地位进一步下滑,那么可用于补偿工资不足的公共资金可能会降低,即便假设这笔支出得到政治上的支持(这可是一个相当大的假设)。最高法院在美国公民联盟决策中声明:在财政竞选中,公司拥有和个人同等的言论自由权,这更加使特殊利益集团和富人比以往任何时候都更具有政治主宰地位。大企业和超级富豪似乎已经说服选民站在反对税收的立场,这导致用于低收入人群增收的公共投资更难有资金支持。

改变穷人命运、稳定中产阶层、捍卫民主的唯一途径是要求富裕阶层支付更多的税款(至少按照布什减税政策前的水平进行支付)。因为这些人利用掌管国家大权的便利使自己的财富得到巨大增值。还有其他资金来源可以满足国家需要,比如削减美国臃肿的国防预算(这一预算高于排在其后的17个国家的国防预算总和)[25],然而,敦促富人多做贡献仍然必不可少。我不相信阶级斗争,但是要求富人多付钱给社会,根本谈不上是阶级斗争,这是符合他们自身利益的。他们可以从稳定的社会系统中大大受益;如果没有好学校,他们将无法拥有受过相应教育的员工;如果不支付足够的工资给员工,就不会有足够的消费者去购买他们的产品。他们应该回报社会,因为社会成就了他们。这是使预算走向平衡的组成部分,同时也是一个道德问题。

女户主家庭数量的增长

不管出于何种原因,以女性为户主、有未成年子女的家庭数量增多,是导致处于贫困的未成年人数量激增的一个重要原因。低薪工作与家庭构成的变化相结合,给这些家庭的未成年子女带来极大伤害。如果家里只有一个可以挣钱的人——尤其是妇女,她们的收入仅为男人所得收入的77%——日子就会过得很艰难。而且，虽然有许多例外，但统计数据毫无疑问地显示，如果没有其他因素而仅从经济原因来看，单亲家庭的孩子将来面临困境的时间更长。

在致力于研究20世纪60年代的贫困问题时，我看到了在那个时代背景下可以取得进步的前景。尽管经历了越南战争以及大炮与黄油（军事与经济）之争，我们仍在战后繁荣的大潮中激流勇进。尽管在我们的城市里内乱不断，我们仍然可以感受到背后吹来的民权运动之风。我们曾认为，理查德·尼克松在1962年竞选加州州长失败后，其政治生涯即宣告结束。对我们而言，水门只不过是波多马克（Potomac）河畔一个豪华的房地产开发小区。20世纪60年代，随着时间的慢慢流逝，变成了异常艰辛的10年，但我们仍信心百倍。很少有人（如果有的话）预见到美国经济和家庭结构发生的深刻变化，以及由此引发的反贫困之战的极度复杂化。我肯定没有这种先见之明。

讨论美国家庭的这种嬗变，即被大肆渲染并用于指责贫困者尤其是有色族裔妇女的变化，会陷入政治泥潭。但是这些变化却是巨大且重要的，他们确实对政策产生了重大的影响。

在1970至2009年，以女性为户主、有18岁以下孩子的家庭数量翻了一番，从12.7%上升到25.4%。有同样年龄的孩子、由女性为户主的美国黑人家庭的比例，从

1971 年的 37.1%上升到 2009 年的 52.7%。这些增长主要发生在 20 世纪 70 年代,同时伴随着经济的大规模波动。在 1980 年,黑人女户主家庭的比例攀升到 48.6%,占全美家庭总数的 19.2%。[26]由于这些变化——再加上低薪工作的增加及其随后给养家糊口的单亲母亲带来的困难——女户主家庭中 18 周岁以下贫困儿童的百分比,从 1959 年的 24.1%上升到 2010 年的 55%。

与女户主家庭数量与日俱增相伴而来的是,在过去的 70 年中,各种族和族裔的未婚母亲所生孩子的数量都有所增加。美国未婚母亲所生孩子的出生率从 1940 年的不到 1%上升到 2006 年的 5%。[27]尽管这一切通常发生在没有受过高等教育的女性群体中,但这一变化跨越了种族和族裔的界限。[28]

大部分发达国家经历着同样的变化模式。从 1980 至 2007 年,由美国未婚女性所生育孩子的比例从 18%上升到 40%。英国的比例上升得更多,从 12%上升到 44%。荷兰从 4%上升到 40%。法国从 11%上升到 50%。冰岛,一直都很高,从 40%上升到 66%。日本从 1%上升到 2%。在由美国国家卫生统计局(National Bureau of Health Statistics)的斯蒂芬妮·文图拉(Stephanie Ventura)及其合作者所研究的 14 个国家中,美国排名第 7,这表明这些变化显然不是美国社会政策所导致的独特结果。[29]另一方面,应该引起注意的是,与美国的情况相比，其他国家的未婚母亲更有可能是与她们孩子的父亲生活在一起。

从历史上看，非洲族裔社区的这一数字更高，因此对这一问题的讨论带有种族成分。但是，无论令一些人多么吃惊，自20世纪70年代以来，非裔女性未婚生子的比率实际上是下降了，从每千名女性95人降至2006年的72人。白人女性的比率从1970年的每千名15人，变为1998年的近乎40人（如果将拉丁裔分开单独计算的话，低于30人）。拉丁裔女性的非婚生育率，自1989年以来一直单独计算，从每千名女性90人升至2006年的106人。[30]因此，在过去的30年里，美国非婚生子率的增长几乎完全可以归因于白人和拉丁裔女性生育情况的变化。

从整体来看，青少年的非婚生子数量自1991年以来一直呈下降的趋势，1991年为6.18%，在2010年下降至3.43%，[31]现在处于历史最低水平，仅在2010年一年内就下降了9%。在2009年，有409 840名新生儿是由十几岁少女所生。2007年，少女生育的孩子占非婚育新生儿总数的23%，从20世纪70年代的50%大幅下降。自1990年以来，非裔女性的这一比例下降程度最大，从10%降至2010年的5.4%。非婚生子女出生率的变化趋势是研究该问题的重要且有明显效果的方法。到2007年，39.7%的新生儿是未婚女性所生。[32]此外，这一统计数据表明，非婚生育跨越了种族和族裔的界限，而且应该是与种族没有关系的一个令人关注的事情。尽管如此,美国未婚非裔女性生育的比例仍然是特别令人关注的。在2009年,有72.3%的非裔美国儿童是婚外出生,而相比之下,1965年仅为24%。在同期,拉美裔的趋势是从37%升高到42%,白人从6%上升至24%。[33]

为什么非裔美国社区未婚生育的孩子数量一直居高不下,这一问题未通过研究得出确切的答案。有人断言,低收入的非裔美国妇女之所以生孩子,是因为可以享受到社会福利或得到更多的福利救济金,但这一观点和20世纪70年代初以来福利救济递减的事实不相符。从20世纪70年代初开始,非婚生育不断增加的同时,相对于通货膨胀,各个州的社会救济金额都有所减少。[34]再生一个孩子所得到的福利救济金增加得很少,几乎在每一个州情况都是如此,这只会使家庭陷入更加贫困的窘状。

对我而言,部分合理的解释是威廉·朱利叶斯·威尔逊(William Julius Wilson)的"适婚男性"假说,它尤其适用于生活在集中贫困社区(包括高层公共住房)的人口。[35]从1973年伊始,由于许多经济领域出现非工业化,进而对劳动者产生了全面的影响,非裔男性的就业岗位和工资,自1945年以来一直呈上升趋势的数字,却急剧下降;与此同时,美国非裔男性被监禁的人数开始陡增。妇女们不断生育孩子,但是因为孩子的父亲们经济前景黯淡,所以他们没有结婚。

很多美国非裔女性选择自己独立抚养孩子,其中的一个原因是刑事审判制度对社区中非裔男性的处罚,尤其是在市中心区犯罪的非裔男性。把非裔男性大量投入监狱,并对他们进行不必要的监禁,正在阻碍双亲家庭的形成,同时对其他方面也造成大规模的破坏。将男性长期关在监狱里服刑,夺走了他们可以高效工作和履行父亲职责的时间,这也危及未来,因为这一污点严重损害了他们的就业前景。事实上,如果把被监禁的人也算作是贫困人口的话,那么贫困率将大幅提高,还有那些有犯罪前科的人,失业率较高,也会推高目前贫困人口的数量。

与 2000 年以来的趋势相比,20 世纪 90 年代末所发生的一切尤为有趣。自 20 世纪 70 年代以来,只有在 90 年代的后半段时间里,较低收入家庭的就业和工资才实现了真正的显著增长。在此期间内,美国非裔和拉丁裔女性的未婚生育率有所下降。这也是由于受 1996 年《福利法》的影响,福利救济有所减少的一段时间。一些人认为未婚生育的下降是由于可以得到的福利救济补助下降,而其他人则认为这归功于就业环境的改善。过去 10 年所发生的事件支持这样一种观点,即就业方面的变化是最重要的因素。在过去 10 年的中期,未婚生育率上升,但可以得到的福利并没有相应增加。确实发生变化的变量是就业岗位数量和薪资水平。对研究文献的分析告诉我们,一直以来,非裔美国人未婚生育率高于白人这一现象,一直没有明确的解释,但是在 20 世纪 70 年代中期,美国非裔男子的经济状况恶化是尤其值得注意的统计变量。

不管对这一差距做出何种解释,解决该问题势在必行。保守党认为,这完全是个人责任的问题。一些自由主义者似乎拒绝承认这个问题的存在。但是不可否认,其后果是令人不安的。[36]

该问题的解决方案并不简单。其目的是要将生育推迟到情侣双方结婚或建立了长期稳定的关系,并具有较为现实的经济基础维系这种关系之后。老生常谈的口号、陈旧过时的观念、保险杠上小贴纸式的简单方法是不够的:改善教育和就业机会至关重要,同样重要的还有刑事司法改革、建立健康社区的措施。但是在社区层面上,实施强调推迟生育,以及支持一旦生育就要负起做父母的责任的计划,也是必不可少的。不过的确,在有摆脱贫困的可行路径的情况下,宣传延迟生育是明智之举的讯息才更可能被接受。

种族和性别

种族和性别问题是关于贫困的公开辩论的核心。这类主题并不是新出现的,在过去的 40 年里,每当涉及福利和刑事司法问题时,与种族相关的政治问题就会以新形式出现。

白人贫困人口最多这一事实几乎从未被提及。罗纳德·里根虚构的开凯迪拉克的“福利皇后”的故事广为流传,并污染了我们的政治文化。大家都知道,他指的是非裔女性。数百万的美国人下意识地把贫困和“黑人”联系在一起,如果占贫困总数居多的白人认为安全保障网络计划的受益人只有或主要是黑人,那么他们是不会给予支持的。

这里蕴含着敏感问题。当然,美国非裔和拉丁裔贫困者确实比例偏高,问题是:“为什么?”大体而言,争论分为两个阵营。一方认为问题主要是结构上的:缺少好工作、学校差、过多关押贫困少数族裔的监狱系统、种族和性别歧视。另一方假定最主要的问题是由个人行为及不负责任所致——可归因于不良的家庭教养及接踵而至的个人失败,或执迷不悟的公共政策,或者二者兼而有之。

这就是在许多人头脑中美国贫困人口的整体形象,所以城市中心区的贫困问题一直是人们争论的焦点。相对而言,城市中贫困者的数量并不多,仅占贫困人口的10%至12%。[37]因为与贫困人口总体情况相比,这些贫民区黑人及棕色人种的比例偏高,也因为这与犯罪及非婚生子的媒体形象相关,所以该问题导致了政治争论,也阻碍了精心制定解决方案的努力。

行为和数据都不存在问题。它们不仅包括非婚生子女、街头犯罪,也包括辍学、帮派暴力和家庭暴力、吸毒与酗酒,还有毒品贸易。已故参议员丹尼尔·帕特里克·莫伊尼汉(Daniel Patrick Moynihan)在他1965年著名的(对很多人而言,臭名昭著的)报告中将矛头指向“黑人家庭的破裂”,引发了一连串的猛烈抨击。其结果是,在威廉·朱利叶斯·威尔逊于1987年撰写《真正的弱势群体》(*The Truly Disadvantaged*)一书阐述这一问题之前的20多年中,受人尊敬的研究者们对市中心贫民区的行为研究一直是敬而远之。

威尔逊和其他人(包括我)认为,基本事实是由太多的贫困者都住在同一个地方所产生的结果——集中贫困。城市集中贫困程度的增加是由于大多数中产阶级居民的迁出而造成的,美国20世纪60年代的动荡不安,1968年出台的《公平住房法案》推出的防止住房歧视的新措施致使这些人大量搬出城市中心区,而且在低薪工作之害愈发严重的大背景下,这些法案的作用日渐衰弱。公共政策,无论是在其遭遇失败之处,还是在其取得显著成效的地方,也都发挥了重大的作用。失败之处是忽视学校教育、疏于帮助人们为找工作做准备或找到工作,以及缺少对邻里复兴策略的支持。公共政策做得极好的地方是把社区里的男人关押起来。公共政策在福利方面的所作所为(在1996年之前)是好坏参半。它确实给没有其他经济来源的家庭提供了一定的收入,但是却没有帮助(和鼓励)受益者找到并保住工作。

新的激进化贫困政治伴随着尼克松总统的当选而出现。他支持并签署了扩大食品券的发放范围以及创立住房抵用券和补充收入保障计划的重要立法,同时还提出了保障性的最低收入。但是,与上述这一切同样重要的是,他在政治上对于种族问题首要关注的事情发生了方向性的改变,这对贫困产生了重大的影响。

共和党真正重点关注的种族问题自然内含于它为了俘获南部地区选民而采取的"南部策略"之中。新的政治现实是:人们不再接受像乔治·华莱士(George Wallace)及其家族所倡导的那种公然反种族的政策。因此,共和党需要在不使用种族术语的情况下,可以表达种族歧视观点的策略。刑事司法和福利是最好的途径。

大佬党(共和党)拥护可将黑人(和拉美裔)男子关押起来的执法政策,还喋喋不休地对社会福利说三道四,借此来打动南部白人(和全国各地的其他一些人)。我们只需要记住里根的"福利皇后"和威利·霍顿(Willie Horton)的广告——在马萨诸塞州州长迈克尔·杜卡基斯(Michael Dukakis)竞选总统时,他的对手是乔治·H. W. 布什,这则广告的播放使杜卡基斯名誉扫地。在此,为那些已经不记得或当时尚未出生的读者介绍一下,1988年,威利·霍顿借马萨诸塞州监狱准许犯人暂时休假之机戴罪潜逃,并犯下了袭击他人、武装抢劫和强奸的罪行。时任副总统布什的政治参谋李·艾特沃特(Lee

Atwater),发布了一则政治性广告,攻击杜卡基斯的周末暂时休假政策,并附上了霍顿的照片。霍顿是美国非裔男子,他所传递出的种族讯息引起了选民的注意:投杜卡基斯一票就是不仅赞成对犯罪行为心慈手软的做法,而且也认同对黑人男子在白人社区实施猖狂暴行置若罔闻的态度。3年后,艾特沃特死于脑肿瘤,他在弥留之际就1988年大选时的“赤裸裸的残酷行径”向杜卡基斯道了歉。

在刑事司法方面,事实上,街头犯罪呈上升趋势,这显然与种族因素有一定的关联。在20世纪70年代中期到末期,我在纽约州政府担任青少年矫正专员,目睹到这种情况。我的观点是,对20世纪60年代市中心平民区动乱的遏制,堵住了年轻人发起政治抗议的途径,由于没有渠道表达不满,尤其是对警察的不满,这种积怨喷发出来后,有时就变成了街头暴力犯罪。

正如我此前指出的那样,在20世纪60年代,享受到福利的人数大幅增加,福利成为70年代及随后的一段时期市中心贫民区的母亲和孩子们的重要生命线。越来越多的非裔妇女出现在福利救济人员的花名册上,成了生动的政治素材。应对街头犯罪的措施就是将非裔和拉丁裔男子囚禁越来越长的时间——其中包括数以千计只犯了低级贩卖毒品罪的人——并将与上述所有问题有牵连的政治问题牵涉进来。很显然,在每一个阶段,从逮捕到判决,即使和白人犯下完全相同的罪行,非裔和拉丁裔男子都会受到更加严厉的判罚。

福利的历史与刑事司法的历史是交织在一起的。男人被囚禁起来，女人只能靠福利生活。对福利的攻击和对犯罪活动的强硬措辞是20世纪70年代以来共和党政治运动的重要内容。刑事司法政策在过去这些年里发生了很大的变化，然而福利——尽管它是里根总统最喜欢攻击的目标，也是20世纪80年代众多州一级福利计划的主题，此外亦是1988年联邦的一项改革——在1993年克林顿总统就职时，大体上没有发生变化。当时，有1 430万人靠福利生活，其中有色族裔妇女和她们的孩子占异常高的比例。随着克林顿政府推行的福利政策，福利名单上的人数缩减至500万人以下，但是大多数以前接受救济的人并没有逃脱贫困。那些既没有工作，也没有得到福利救助的单亲母亲，还有她们的孩子，构成了极度贫困人口的大部分。[38]

右翼的主张至多就是过分简单化。他们认为，单身母亲应该有工作并/或结婚。确实，对于大多数人来说，在经济形势好的时候，如果没有结婚，找到一份工作是可能的，但即便如此，找到一份至少能使家庭走出贫困的工作，特别对不是高中毕业的女性（而越来越多的情况是，即便她是高中毕业），还是有问题。“所以，”该主张继续强调，“她们应该结婚。”其论点似乎是，这样就可以有两个人赚钱，一切将会一帆风顺。

我们当然想让婚姻成为解决贫困问题更加行之有效之计。父母双亲生活在同一屋檐下,孩子们往往能够更好地成长,而两个人挣钱养家会更容易,但这并不是说,摆脱贫困的唯一方法就是和一个也有稳定工作的人结婚。工作所得收入应该足够使一位单身父亲或者母亲可以养活有两三个孩子的一家人,但是一个严峻的挑战是,在美国,多达四分之一的工作每小时支付的工资低于11美元。为数众多的单亲母亲外出工作,最大的问题是这些工作没有支付足以让她们摆脱贫困的工资。此外,还有一个相当严重的问题,就是到哪里去找适婚的男人。那么多的男人被关在监狱之中,或者是因有犯罪前科,很难谋求到一份有报酬的工作,而且对他们来说,这是一个不可逾越的障碍。结婚——这个对大多数人而言的基本人类本能——并不总是可以实现的夙愿。

1996年《福利法》颁布后,作为政治议题的福利,受关注的程度逐渐减退,但是对它的敌意实际上依然存在。现在是该认识到福利和刑事司法政策的激进化如何妨碍反贫工作取得进步的时候了。美国经济的发展状况及其对所有种族的负面影响必须引起广泛的关注,但是如果我们要在减贫和创造我们想要的那种社会等方面取得实质性进展,就需要首先关注根植于我们的福利、刑事司法和教育系统中的制度性种族主义。

第四章
工作：(对大多数人而言)经济恶化，公共政策变糟

反贫困策略的核心是工作——不只是任何一种工作，而是能够带来生活所需的足够收入的好工作，至少可以提供晋升机会，进而得到体面工资的工作。而旨在创造足够多好工作的策略之核心是健康发展的经济，同时要有考虑周全、旨在使劳动者收入最大化的公共政策作为补充。在过去 40 年中的大部分时候，美国的经济在创造工作方面都是很成功的，但在创造可以带来足够维持生活的收入的工作方面却很不成功。

美国 21 世纪贫困状况最大且唯一的决定性因素——暂不考虑目前经济衰退造成的大量失业——是我们现有的大量工作所支付的报酬不足以维持生活。

在 1967 年，曾获得诺贝尔奖的经济学家詹姆斯·托宾(James Tobin)在《新共和国周刊》(the *New Republic*)

发表的一篇标题为《在 1976 年之前征服美国的贫困，这是可以做到的！》[1]（*It Can Be Done! Conquering Poverty in the US by 1976*）文章中提出的第一个主张是："经济增长仍然是我们最有力的武器。"[2]还有更多的主张，包括一项建议用"刺激性收入补贴"替代社会保障金的提案，若在经济衰退时期，这将会强化安全保障网络。[3]但是，他的乐观主义的核心是一种坚定不移的信心，即美国的经济将持续增长，随之而来的是一国之支柱的工作岗位的增多以及最低的贫困程度。6 年后，他的预言看起来仍然有效：如前所述，1973 年，贫困率下降到 11.1%。[4]

但是前进的道路也开始变得坎坷不平。工业部门的工作，比如汽车和钢铁厂的工作，曾经是上天的恩赐，因为它们把来自美国最贫穷地区阿帕拉契亚（Appalachia）和南方腹地受教育程度较低的孩子们推进了中产阶级的行列。但是到了 1973 年，许多工厂为了避免支付较高的工会工资而向南迁移。工作的性质逐渐在发生变化，所需技能增多，没有高中文凭的人在努力寻找工作时更是经常处于不利地位。

政治也在发生变化，而且不仅仅只是在涉及社会福利和刑事司法等方面。尼克松总统的当选也使活力大增的工商业界行动起来，下决心减少华盛顿对其活动的干预，这个目标是与工人们的利益相对立的。当时，民主党人仍然控制着国会，但是乡村的市郊化在改变着他们的形象和首要任务(在许多议题上，南部的民主党人仍能保持国会中的权力平衡)。他们在北部和西部的主要选区仍然是各个工会(尽管未必都是工会会员)和少数族裔的盘踞地，但是战场——他们必须赢得参议院席位并在众议院占多数的地方——在向市郊地区转移。想要在市郊赢得选票的民主党人必须支持环保、支持好政府、支持自由市场(有一些监管)、支持堕胎的选择权、支持鸽派的对外政治，而且很可能要反对配置校车和平权行动。

1973年的石油危机

1973年——第一次国外石油冲击爆发的那一年——是经济上的一个分水岭。近30年来，如此一贯保持正向变化的经济指标突然间掉过头来，急转直下。无论是否巧合，最明显的方向性变化就是接受过高中教育或低于高中教育的美国非裔工人的工资变化趋势，这些人的工资自1945年以来一直是在稳步上涨，但现在却摆向了相反的方向。经济疲软，收入低于中等工资水平的那些人的工资停滞不前，而且停在底层，因通货膨胀还会有所损失。

劳动力市场中下半部分人的工资基本上停止增长。在1973年，中位数工资的工作每小时支付14.97美元(按2010年的币值)，但是在2010年只增加到每小时16.01美元，37年增加了6.9%，或每年增加不到0.2%。[5]如果没有

20世纪90年代后半期科技热潮中真实收入的增加,情况甚至可能会变得更为严峻。

结果是美国有一半的工作每年支付的薪资少于34 000美元,还有四分之一的工作所支付的报酬对于一个四口之家而言低于贫困线。双职工家庭可以过得很好,但是很多只有一人赚钱的家庭——一般是单身母亲——处境十分艰难。

回想起来,20世纪70年代是罗纳德·里根(Ronald Reagan)参加总统选举的前夕——在后"新政"的政治版图中的这个大右转,砰然关上了"新政"时代的大门。回头来看,其种种迹象早已积累起来。吉米·卡特的总统任期是所谓的滞涨时期:高失业率和高通货膨胀率同时存在。这对收入低于中位数工资的人来说尤为艰难。[6]但是这只是开始。

其他迹象出现在对较低收入者至关重要的领域。私营部门的工会逐渐失去力量,而且并非巧合的是,相对于通货膨胀,最低工资开始失去作用。[7]

经济发展的整体趋势是大收缩——由于残酷的全球竞争和技术进步——工业部门不需要受过广泛教育的高薪工作在减少,而取而代之的低薪(绝大部分为服务行业的)工作在增加。新增的低薪工作包括宾馆客房和家居保洁、儿童保育、零售工作、快餐服务、医院护工、保安、接听消费者服务热线——其中的一些还包括现在在劳务市场上工作的妻子们原来所做的家务活。今天，制造业在就业总人数中所占的比例从 1960 年的 28% 下降至低于 10%。[8]

随着工作性质的改变，劳动力队伍的规模和构成情况也发生了变化。大批妇女在寻求就业岗位，还有新来的移民，亦是如此，其中有一些人是由于 1965 年颁布的具有历史意义的移民法案而合法进入美国的，但是还有一些是非法入境者。婴儿潮出生的一代人也大量地加入到劳动力大军之中。美国经济在吸纳如此之多的新进入者方面表现得可圈可点，但在给社会底层的工人的报酬方面做得很差。

为什么工资停留在如此低的水平？

问题是为什么较低端工人的工资在过去(和现在)是如此之低。其他发达国家也经历了工业部门的工作转移至欠发达国家和类似的报酬微薄的工作增加的情况，但是他们设法缩小了这些工资间的差距，比美国做得好。那么，为什么美国没有发生这种情况？

一个重大因素是工会方面所发生的变化。他们在组织方面以及在华盛顿特区和所在州的影响力方面都开始失去优势——时至今日仍在继续失去优势。即使在卡特当政的那些年，在参议院中有 61 位民主党人(还有一些

“温和的共和党人”,现在已不复存在的一个政治派别)且在众议院占多数席位的情况下,工会亦未能冲破某位参议员故意用冗长发言所设置的阻碍,让旨在使工会更容易把工人组织起来的一项提案夭折于立法投票这一关,而事实上这是工会的主要目的且得到总统强有力的支持。[9]卡特总统还提议将最低工资与制造业员工的平均工资挂钩,但卡特在这上面也遭遇了失败。[10]全国劳工关系委员会(National Labor Relations Board, NLRB)无法及时处理针对企业在工会试图将其员工组织起来时所采取的破坏工会战术而提出的大量投诉,尤其是因为雇主每次都积极应诉。而在里根一当选为总统之后,便任命了反工会人员来担任劳工委员会委员,这些人对这类投诉完全是充耳不闻。

在某种程度上,工会因自身所取得的成功而身受其害。有一些工厂工人,现在变成了中产阶级后,搬到郊区去住,于是就认为他们不再需要工会了。至死忠于民主党的一些人甚至会像候鸟一般迁徙到共和党一边;还有其他一些人,虽然仍是坚定的工会会员,一开始投票支持乔治·华莱士担任总统,但随后却因校车服务和平权行动之事感到气愤而转向共和党,尽管他们知道共和党与支持工会的基本原则日益对立。

总而言之,工会失去有利地位之原因有三:雇主的反对和法律的羸弱、经济向白领工作和较为分散的服务工作转移并远离以往工会势力比较强大的部门而引起的结构变化，以及世界各地更大的产品和劳动力市场竞争。[11]在产业不再是由分享巨额利润的几家大企业构成的稳定集群的情况下，工会的力量越来越难以壮大。当有工会组织的公司面对无工会组织的竞争对手时，无论是在国内还是在国外，劳动力成本的增加都不能再转嫁给消费者。由于国际贸易和放松管制而导致的不断升级的竞争使有工会组织的公司更难以持续取得成功。[12]

在有关工会力量不断衰弱的故事中，有一个重要的篇章聚焦于 20 世纪 70 年代大公司政治活动的复苏，这一活动恰逢政治运动成本不断上升之际，因而及时地为政治运动提供了资金支持，故此也得以推选亲企业的候选人。与此同时，选民的态度也发生了变化——不仅对共和党的郊区化，而且对美国南部各州的实力由于移民而有所增加以及对罗伊诉韦德(*Roe v. Wade*，美国著名的有关堕胎的宪法案例，被称为具有里程碑意义的判例)一案之后福音派基督教徒政治上的觉醒等事件的态度都有很大的变化。在其他一些国家——法国就是一个很好的例子——工会从数量上看力量不够强大，但尽管如此，他们拥有广大公众的支持。美国选民态度的变化无疑是工会衰弱的一大因素。

因此美国工会在政治上的失利并不是意外之事，公司利益集团确实为对方当事人游说花了大笔金钱。大企业这类再度兴起的活动也不是偶然的。1970年爆发了劳资纠纷浪潮,其规模仅次于战后时期1946年的那场:240万名工人举行了长时间的罢工,其中34次罢工有1万名以上的工人参与,还有大量的怠工和自发罢工。[13]在民权运动和20世纪60年代“质疑权威”倾向的鼓舞下,年轻工人中出现了一些不安于现状分子,反抗工会僵化的领导,在工会中寻求民主。这一趋势既是对工会领导层也是对企业的威胁。到吉米·卡特任职时,大企业已经随着全球化的不断深入和经济的变化积聚起新的政治活力,情况注定对工会不利。有关数字是众所周知的。在1948年,工会代表着31.8%的工人。[14]到2010年,它们所代表的工人仅占11.9%。[15]工会的消亡在私营部门尤为值得注意。私营部门工会会员的比例在1973年是24.5%,1983年是16.5%,1992年是11.1%,而到了2006年只有6.9%。[16]

如果工会力量的衰弱实际上在美国工资不平等的增加中发挥了极大作用,我们就应该看到,美国的工资差距要大于那些工会力量比美国强大的国家。情况确实如此。在1996年的一项研究中,康奈尔大学的经济学家弗朗辛·布劳(Francine Blau)和劳伦斯·卡恩(Lawrence Kahn)研究了7个国家的情况,发现美国处于第50个百分位与处于底层最后10个百分位的工人之间的工资差额大于他们所研究的其他任何国家。英国是唯一堪比美国的另外一个经历工会会员人数下降的国家,同样也出现了工资差距的扩大。[17]

时至今日，反对工会的活动仍在继续，而且采用了新的形式，即对公共部门雇员工会进行恶毒攻击。现在甚至公有部门的工会——仅存的会员力量强大的工会——也在面临来自政治人物的压力，因为这些人物的选举活动得到公司大量的资金支持。对私营部门工会的萎缩尚不满足，右翼共和党州长们又掀起了一股新的浪潮，将公共部门的雇员夸张地描述为官场精英，有撩人的提前退休机会和上好的退休金，这些都是通过过于强大的工会勒索纳税人而得到的。联署人威斯康星州州长斯科特·沃克(Scott Walker)动用职权剥夺了州雇员集体谈判的权利，即使工会主动提出要做出重大让步。而且在这个反工会者名单上还可添加上俄亥俄州州长约翰·卡西克(John Kasich)和新泽西州州长克里斯·克里斯蒂(Cris Cristie)。

这些州长也不是唯一的攻击者。极右的众议院——实际上是在一夜之间，未经过辩论——已经通过了从内部瓦解全国劳工关系委员会的立法。该立法在本届参议院不会得到批准，但是众议院在此期间将会执行其议程，削减给全国劳工关系委员会的拨款。国内可自由支配支出领域完全是零和博弈，在预算削减的大背景下，这项策略可能会取得极大成功。

最低工资的弱点是第二大主要因素。美国加州大学伯克利分校的经济学家大卫·卡德(David Card)和普林斯顿大学的经济学家(在2011年,时任总统奥巴马的经济顾问委员会主席)艾伦·克鲁格(Alan Krueger)估计,在美国,20%至30%工资不平等程度的增加可以归因于最低工资的真实价值的下降。[18]在新政期间首次颁布最低工资时,将其设定在平均工资的一半。目前的最低工资是每小时7.25美元,仅是2010年平均工资的39%。若是最初的最低工资一直保持与平均工资同步上涨,那么它可能在2010年增加到每小时9.30美元。

在经济学家中,对于提高最低工资是否会毁掉工作机会的争论,为时已久。由卡德和克鲁格于20世纪90年代所做的开创性研究工作表明,最低工资的合理增长对工作机会没有任何负面影响。[19]争论的另一方,加州大学欧文分校(UC-Irvine)的经济学家大卫·纽马克(David Neumark)却断定,自1990年以来所进行的大多数研究显示,最低工资的增长对低技能工人有负面影响。[20]毫无疑问,卡德和克鲁格还有其他许多经济学家不同意这种观点。还有一些人抱有与纽马克相异的观点完全是思想体系的问题。例如,艾仑·格林斯潘(Alan Greenspany)2011年对国会说,如果他能够的话,他将废止最低工资,因为这是"武断的政府干预",会损害就业。[21]

暂且不管格林斯潘怎么说,对相关研究的理性解读可以提供继续强化最低工资这一做法的理论支撑。真实的情况是，在今日全球化的世界里，雇主们在成本上涨时更容易削减工作岗位，尽管还有这样一种情况，即大部分低薪工作是在没有卷入全球竞争且不能被技术所取代的服务部门。考虑一下居家医疗护理。一直以来，我的直觉是，最低工资的任何增长，只要政界认为是切实可行的，就不会对经济产生负面的影响。无论实际情况如何，最低工资的弱化是底层工资水平疲弱的部分原因。

第三个因素是由于移民、婴儿潮一代步入成年，尤其是为数众多的女性决定外出工作，从而导致大批新就业者于20世纪70年代开始加入到劳动力队伍之中。值得注意的是，这些群体要找到大量的工作——虽然有相当大比例是在低薪工作领域——尤其是考虑到当时有那么多工业部门的工作岗位在逐渐消失这一实情。

妇女占劳动力队伍的比例从1969年的35.3%上升至2009年的49.9%，在这一年妇女的就业人数首次达到就业总人数的一半。[22]有6岁以下孩子的就业妇女在1975年是39.6%，2008年升至64.3%。[23]在10位母亲中就有4位现在是家中唯一的或收入较高的养家糊口者。[24]

从总体来看，妇女们的工资有所增加，但是许多做低薪工作的妇女的境况并未得到改善。还记得吧，在女性为户主、有孩子的家庭中，接近一半生活在贫困中。单亲母亲远比一般妇女更有可能做低薪工作。儿童赡养费亦未发挥其在填补空缺方面应该发挥的作用。只有42%照顾孩子的母亲收到孩子父亲所提供的赡养费，而且其中收到按事先约定好的金额全部支付的赡养费的人不到一半。[25]这些数字在过去的数年有所提高，但是我们依然是任重而道远。

移民和贸易也起到很大作用。有关移民的问题不是它对较低端的工资是否有影响，而是影响是否相当大。在1970至1996年，出生于国外的美国人增加了1 500万。抵美移民所接受过的教育比一般美国人要少，而且他们之间的差距一直在拉大，所以不足为奇，这些移民大多集中于低技能工作岗位，[26]尽管随着越来越多较高技能的就业者进入美国，其总体构成有两种形式。然而，哈佛大学的经济学家乔治·J. 鲍哈斯(George J. Borjas)及其合作者们早先估计，在1980至1995年，移民对工资差距仅有适度的影响，[27]而在随后的研究中却得出结论说，后来的移民确实损害了与之竞争的本土劳动者们的就业机会。[28]与之相反，大卫·卡特运用不同的方法，争辩说移民并没有产生重大的负面影响。[29]

这里显然涉及两个彼此有别的问题：合法移民和非法打工者。理所当然的是，所有从事低技能工作的移民，因其扩大了劳动力的供给，将会压低工资。不管怎样，大量研究得出的结论是：从各个方面综合考虑，我们目前的合法移民政策总体上看是大有裨益的。更重要的问题是非法务工者。我们的政策一直是十分伪善的。一方面，我们对非法入美者的数量表示惊愕，可是直到目前为止，我们实际上还没有采取任何措施阻止雇主雇用和剥削非法务工者。我们一直就像是一个患有精神分裂症的警官一样，用一只手示意过往车辆停下来，而同时又挥动另一只手让它们继续前行。这是不能接受的。这种做法已经造成非法务工者遭受到雇主们的非人道对待——危险的工作环境、非法压低的工资水平，而且时常还拖欠全部工资。我们让雇主们能够以远远低于他们必须支付给公民和合法移民的费用雇用工人。一再有人宣称，没有其他人愿意做这些工作，然而这是歪曲事实，尽管很有可能没有其他人愿意在非法劳工所面临的受剥削以及在经常非常危险的条件下接受这样的工作。如果雇主们不得不遵守法律，大多数人仍会雇到人——像农活这样非常辛苦的工作可能除外——即使是在没有出现经济衰退时。这只是因为他们将不得不支付更多的工资。我们的政策应该包括如何让已经身在美国的那些非法入境者知晓获得公民身份的途径、管理边界的有效政策，以及人性化地执行移民法。与此同时，我们需要找出办法，对雇用非法入境者的雇主进行处罚，但不允许歧视其他人——主要是来自拉丁美洲的人——这些人已经是美国公民或是合法入境者。

贸易对就业有显著的影响。无论在20世纪90年代前实际情况是什么，北美自由贸易协定和其他贸易协定对就业有显而易见的影响。这些协议应该强有力地保证公平劳工标准和环境保护，这一普遍持有的观点有其重大价值。该观点的拥护者认为，如果这样的标准和保护得到坚持和实施，那么美国所失去的就业岗位将会减少。

然而，有所不同的一个问题是，这些协议是如何影响低工资部门的，尤其是在破坏就业和降低工资方面。最近的研究表明，贸易的增长对各个层面的就业都有影响。劳动经济学家大卫·奥特尔（David Autor）、大卫·多恩（David Dorn）和戈登·H. 汉森（Gordon H. Hanson）发现，在1991至2000年与中国贸易的增长导致美国制造业的工作岗位在那10年减少了19%，而在2000至2007年惊人地减少了32%。[30]中国加入世界贸易组织和随之而享受的“最惠国待遇”，对美国的就业产生了重大影响。

一些经济学家把劳动力市场中底层人员工资增长的弱势归咎于不同的原因——“技能偏向性技术进步”。他们认为，发生在劳动力市场上的情况是由技术进步和技能型工人匮乏所引起的。计算机化和信息技术的传播需要具备更高技能的工人，这些人能够拿到工资溢价。但是，这种观点认为，可以雇用到的这类工人供给数量不足，其供需差额致使过多的工人处于底层。所以，他们推断，供需不平衡导致了高端工资的高抬和底端工资的降低。

其核心论点是，我们未能搞好教育，未能适当地培训出足够多的工人，因而错过了大好机会——实际上这是劳动力供给方面出现的失败。这种说法有一定的道理，但只是对所发生的部分情况做出的描述。哈佛大学经济学家克劳迪娅·戈尔丁(Claudia Goldin)和劳伦斯·卡茨(Lawrence Katz)的阐述很有说服力,他们认为,如果教育在20世纪70年代末和80年代所取得的成就得以按与早先相同的速度增加的话,那么劳动力市场的需求方面将会做出适度调整,创造出更多的需要技能的工作岗位,以适应技能型人才供给增长的情况,尽管或许是在略微有些低的工资水平上。戈尔丁和卡茨等人相信,如果技能型求职者的供给增大的话,从长远考虑,雇主们将会雇用更多的技能型工人。即使在现在,雇主们亦声称,在护理、各种工程领域,比如,电工这类职业工作,他们有一些技能型工作岗位无人问津,他们找不到合格的工人。[31]

然而,问题是要在解释对工资的总体影响效果时给予SBCT观点多大的权重。为数众多、工资较低的工人们看到自己的工资在过去的40年几乎没涨或者甚至是有所下降。考虑到低薪工人的数量,技术更复杂的新工作岗位与可雇来做这些工作的工人的数量比例失当,充其量仅能部分地解释为什么数千万人的收入停滞不前或每况愈下。

技能偏向型技术假说迫使政策制定者进行政策论证,这仅是我们需要关注的一部分内容。它的支持者们认为,教育差异是不平等的主要原因,因此,教育的改进必须是各级政府的主要政策重点。乔治·W.布什总统的财政部长亨利·M.鲍尔森(Henry M. Paulson)说:“那些接受教育和掌握技能都较少的工人所得到的回报将会比较少,改善现状的机会也将会比较少。”[32]

就目前情况而言,这是千真万确的。教育的改进是一件必须做的事情,而且每个人都应该继续接受尽可能多的教育,使自己取得最佳经济前景的机会最大化。鲍尔森指出:“在2004年,具有学士学位的工作者平均比只有高中文凭的工作者每年多挣几乎23 000美元。”[33]所以每一个有能力获得4年制学位的人都应该有机会得到这个学位。

但是对个人有效的方法并不是解决整个社会所面临问题的十全十美的方法。我们还必须关注那些努力获得大学文凭或接受相当于高等教育培训的人可以得到的“好”工作的数量。向每个人宣称接受过大学教育就会搞定一切只是说对了一半:大学毕业生必须能够在毕业后找到工作——更不必说首先要能够负担得起大学教育的费用。那些认为扩大高等教育的招生规模将会解决全部问题的人就像是在雇用托儿来大肆兜售某种现代专利药品。

如果我们要创建一种经济,使人们能够赚到过好生活所需的收入,那我们必须回答四个基本问题:(1)我们可以做些什么来增加更好的工作岗位的数量?(2)我们可以做些什么来增加我们现有工作的报酬?(3)我们可以做些什么,如果在我们竭尽所能提高我们现有工作岗位的工资之后,劳动力市场仍然未取得成功,而且这些工作岗位仍然不能支付足够高的工资以维持生活？(4)我们可以做些什么去重建更为公平的收入和财富分配体系？

我们能够期待更好的工作吗？

打造更好的工作岗位的第一步是明智和一致的国家宏观经济政策。目前我们政治上的僵局妨碍了促进充分就业措施的实施。我们必须努力前行，调整我们的支出与收入之间的关系，但是人们不能从华盛顿的许多政治话语中了解到我们仍有一个令人无法接受的失业者的数字——1 500 万。我们的政策应该在短期内做好调整，以帮助人们回到工作岗位。我们现在还应该通过立法去改善未来的财政状况，制定当经济基础更加坚实时可以有效实施的计划。但是我们应该立即行动起来，让大企业和富人们回到经济繁荣的 20 世纪 90 年代所支付的税收费率——按照这一税率，顺便提一下，他们的盈利曾相当好。在目前情况下，反对者们正在让我们的国家逃避现实。

从短期来看，我们在设计 2009 年刺激方案时错过了一次大好机会，而且我们仍在错过这个机会，因为工作岗位恢复的速度依然非常缓慢(尽管我们应该做的事情不再是一种政治可能性)。我们应该已从罗斯福新政中学到了经验，并让 200 万人进入 21 世纪版的民间资源保护团(Civilian Conservation Corps)和公共事业振兴署(Works

Progress Administration)工作。有200万人从事重要的工作并身着与众不同的衬衫和帽子就会让人们看到国家针对经济衰退所采取的应对措施。为此我们可以谋求各州和地方政府的支持,以便使之有可能尽快得到实施。这些参与者挣到的钱就会开始在经济中循环起来,发挥一定的乘数效应。

富兰克林·D.罗斯福总统的创造就业机会计划跨越1933年至第二次世界大战开始不久之后的那段时期。计划的实施始于民间资源保护团,将人们安排在国家公园和森林中工作;还有市政工程署(Civil Works Administration)快速发展到雇用400多万工人,并在几个月后的1934年春季并入联邦紧急救济署(Federal Emergency Relief Administration)。持续时间比较长的项目是公共事业振兴署,它是由罗斯福总统提议而成立的,是其1935年国情咨文报告的核心措施。公共事业振兴署是规模较大的一个机构,下设的一个部门负责建造了至今仍在使用的重要且美观的市政工程和公共建筑,还有许多其他项目,包括吸引艺术家、作家、音乐家及演员,甚至马戏团前来参与的各种各样的活动。在其存在的那一段较长的时期,公共事业振兴署雇用了多达280万人。[34]

在2011年8月,伊利诺伊州众议员扬·夏科夫斯基(Jan Schakowsky)提出了《紧急就业、重振美国梦法案》(*Emergency Jobs to Restore the American Dream Act*),该

法案的实施将会在两年内为创造200多万个新的就业岗位，做我们需要做完的事情：65万个修建和维修学校的就业岗位；10万个借鉴新政国民资源保护队模式为年轻人提供的就业岗位；25万个帮助大学生完成学业的半工半读就业岗位；35万个为下岗教师、警官和消防员提供的就业岗位；40万个为服务水平低的地区提供的医疗保健就业岗位；以及75万个在房屋节能改造、住宅建筑和其他项目中的绿色就业岗位。

我料想，夏科夫斯基的提案在本书出版之际尚不会得到通过。据我了解，她可能知道这一点，但这并不重要。重要的是，她的提案正是应该做的事情。在2009年就应该通过这样的提案，而且遗憾地说，现在仍然需要这样做。

从更长远的角度来看，我们需要做的一件事情是扩大美国志愿队的规模，让它成为尚跋涉在寻找稳定工作的崎岖道路上的众多年轻人进入劳动力市场的途径。美国志愿队还可以为各种背景的参与者建立起公民价值观。重要的是要记住，当新政通过实行社会保障使得退休成为可能，同时通过禁止雇用童工而将未成年人从劳动力市场排除时，它也减少了在可怕的劳动力市场上竞争工作岗位的人数。

此外，现在若是在全国和社区服务方面投入更多的资金，采取有力措施聘用低收入的年轻人，将会对加强劳动力市场的控制产生类似的效果。20岁左右的求职者的就业机会问题不会随着经济衰退的结束而终结。我们需要努力促成更大的公共投资,给年轻人提供服务自己所在社区的机会,同时积蓄力量,获得更多的教育和更稳定的工作。

当然,更大的问题涉及的是私营部门的就业岗位。

看到劳工统计局对今后数年就业岗位的增长所做出的预测是一个令人感到更加沮丧的时刻:在前30类就业岗位中有15类,而在前10类中有7类是工资很低的工作——家庭保健护理员、食品制作和服务员、个人和家庭看护员,以及零售销售员。在前10类就业岗位中,仅有的几类比较好的就业岗位是注册护士、会计和审计员,以及高校教师——尽管这3类工作的工资实际上被评价为很高。[35]

我的同事哈里·霍尔泽所做的就业岗位预测不像我那么悲观。他对自己所称的“中等技能”工作岗位进行过研究,并从中发现了希望。首先,他不同意正在发生“中等技能空壳化”并导致“沙漏经济”的观点。他说,中等技能工作在1986年占全部工作岗位的55%——尽管它们在随后几年确实有所下降——在2006年,它们仍占全部工作岗位的48%。

据霍尔泽所言,中等技能工作岗位存在于许多部门,年薪从40 000至70 000美元不等。他将下列工作包括在中等技能工作岗位之中:许多医疗保健岗位;建筑行业的熟练工匠；制造业中诸如机械师和电焊工等熟练工人；因向“更加绿色的”经济转变而出现的设备安装和维修岗位所需的技术员；警官和消防员；法律援助、保护服务从业者；以及餐馆的厨师和大厨等服务部门的各种工作岗位。他认为，“一系列证据表明雇主在为这些……工作岗位招聘任职者时经常遇到困难”。[36]

霍尔泽对中等技能工作岗位数量的增加所做出的预测进行了说明，而重要的是，他指出，在未来的几年中，还有由即将退休的婴儿潮一代创造出来的、数量相当多的空缺岗位。他不否认低薪工作的比例仍是太高。他最重要的主张是，中等技能工作是各种背景的年轻人在接受必要的教育和培训而获得相应的资格后都可以得到的一类重要工作。他特别强调这些工作所需要的高等教育和培训这一必要条件——不一定非得是学士学位而是广义的高等教育和培训。我将在随后的某一章中更多地探讨为了提供适当的教育途径我们需要做些什么。

我还应该谈谈与“绿色工作”相关的事宜。绿色工作正在被一些人吹捧为未来工作图景的一个重要组成部分。其前提是，我们国民具有的良好判断力将会引领我们进行必要的公共及相关私人投资，使我们不再依赖外国的石油和化石燃料，无论其来源于何处，而且为我们的子孙后代创造一个完全可以持续发展的环境。是吗？

或许是，但是其前景现在比奥巴马总统就职典礼后欣喜若狂的头几日似乎是暗淡了许多。显然,第一个问题是,我们是否既有判断力又有政治意愿去做必要的投资。如果是这样的话,这些投资将会创造就业岗位,尽管它们也会毁掉不再受欢迎的那些能源部门的就业岗位。第二个问题是,所有的就业岗位是否将会是好的就业岗位——可以供养一家人的工作岗位。还有(在这里特别关注的)第三个问题是这些在好工作范围内的工作岗位是否面向刚起步、收入低的年轻人和目前陷于低薪困境、年龄较大的人。

现在经济中到处都存在绿色就业岗位,它们包括从事住宅和楼宇设计、建筑和翻新人员,经营、维修和保养各种各样"绿色"东西的其他人员,还有做销售和客户服务以及会计等关联性业务工作的其他人员。它们还包括再生能源和能源效率、房屋节能改造、清洁运输、环保生产、自然资源保护、污染物减排和控制以及可持续农业等。有一些就业岗位是在"清洁"领域,如太阳能和风力发电;其他一些是在正在转变为"绿色"的传统领域,如楼宇建筑和制造过程。

研究表明,大约在今后 20 年,将会有 400 万至 1 600 万新的就业岗位相继出现,[37] 尽管曾预期在美国出现的许多绿色就业岗位已在中国和日本出现。只有通过借助私人投资来做的公共投资,只有通过强大的政治意愿,才会使接近这一数字的岗位得以创建。绿色产业将需要补贴和税收优惠、政府采购中优先采购、为了利用私人投资而提供的贷款担保，以及更高的能源价格。限制空气和水污染物、固体和有害垃圾的排放，还有对公共事业部门强制执行再生能源的使用以及在某些制成品中强制实行最低回收再利用某些成分含量的强有力的环保法规也将是必不可少的。

绿色就业岗位的拥护者们公开表示，他们完全意识到了在确保这些岗位支付足够生活所需报酬的过程中所面临的挑战。有效的劳工工资标准将是必要的。电器和其他产品的能效标准应该体现在工资和工作条件标准之中。

在地方一级的市民合伙企业，对于确保低收入者，尤其是正在寻找进入劳动力市场途径的年轻人，能够公平地分享到这类工作岗位，将是尤为重要的。广泛地给予年轻人适当的教育和培训，要求学校、社区大学、社区组织、工会和公共机构之间进行合作。雇主们需要参与设计培训和人员配置过程。所有这些行为主体之间的有力合作对统筹安排所需教育和培训资金将是非常重要的。

绿色就业是21世纪的理念。人们对于它们的实际规模及其对较低收入者的现实意义仍然存有疑问，但是实现绿色就业存在很大的可能性，有必要用一章的篇幅来讨论将在何处建立好的就业岗位。

除了我们为了重振经济而遵循的宏观经济政策，以及在我们为了创建绿色就业岗位所采取的具体措施或者为增加经济体中就业岗位数量的其他产业政策之外,我们也需要实施相应的政策,确保每个人都有公平的机会获得现有就业岗位。这意味着我们要做的一件事情是更为有力地执行所有现行的反歧视法。另一件事情是促进面临特殊障碍的人进入劳动力市场:残疾人、边缘化的年轻人、接受社会救济者、有犯罪前科者和无家可归者等。当然,强劲的劳动力市场本身可以打破其中的一些障碍,就像20世纪90年代末那样。所以,更大的问题是要有足够的工作岗位,但是,长期以来,我们现有岗位的公平就业问题一直是一个挑战,并且现在仍然是。

我们能够增加现有工作岗位的工资吗?

借用一句人们常说的话说,是的,我们能!提高最低工资应该既是全国也是各州和地方层面的主要目标。同样重要的是,确保我们已有的现行法律得到实施。克扣工资的现象普遍存在,其形式可谓五花八门。最初的做法就是不支付欠发的工资,而后就出现了数十种不同的方式。有一些做法竟然是目前法律所允许的,但是它们都是在昧着良心虐待工人。重振工会的效力也将会产生巨大的不同,尽管要做到这一点不是一件简单的事情。

最低工资

联邦最低工资最近的一次上调是在2006年，目前为每小时7.25美元。一个全职工作者的全年最低工资收入是15 080美元——大约比三口之家的贫困线少3 000美元，比四口之家的贫困线少7 000美元。在其颁布实施之时，即在上次上调后的10年，最低收入几乎接近三口之家的贫困线，但是即使在今日通货膨胀率很低的情况下，它又在逐渐回到原来的状况。如果将其提升到每小时10美元，即将使其与1968年的最低工资大致相当的数额，将会使年收入达到20 800美元——仍然处于四口之家的贫困线之下。

这样提高最低工资将会对就业产生过度的负面影响吗？我前面引用的研究显示不会(尽管其观点并不是得到一致赞同)。最低工资可以而且应该适当地提高到一个较高的水平。但这仅仅是达成我们的目标方面取得的初步进展。与最低工资同样极为重要的，是将收入提高到基本够生活使用的水平，或贫困线的2倍——高于美国44%处在工作年龄的成年人目前个人收入的一个水平。[38] 因此，如我将在本章后面的部分所论述的那样，有必要采取其他措施，提高收入，使其超过最低工资水平。

此外，最低工资和其他劳动法仍未考虑到一些群体。对公平劳动标准法的解释仍然是将家庭护理工排除在最低工资和超时工作的保护之外，尽管在2012年1月一个改正这种局面的新的劳动法规部门即将成立。公平劳动标准法还将农业工人排除在超时工作的保护之外。家政从业人员也不受职业安全法或加班费要求的保护。国家劳工关系法也没有给予农业工人或家政从业人员组织起来的权利。[39] 在 1966 年我随罗伯特·肯尼迪去见塞萨尔·查韦斯(César Chávez)时,我想我们仨当时谁都想不到法律上的这个漏洞在近半个世纪后仍然还会存在。

联邦政府所规定的最低工资并非在真空中运作。有 17 个州和哥伦比亚特区——通常生活费较高的行政辖区——最低工资高于联邦最低工资。只有 5 个州没有自己的最低工资规定。各州最低工资法律依然是需要完善的重要目标,但在过去 10 年中倡导者和组织者在各自所在州的最低工资方面所取得的成就是一项重要的案例研究课题,特别是因为它是工会与其他方合作给予大力支持而获得成功的一个例子。

联邦最低工资在金里奇(Gingrich)任众议院议长期间没有变动,是每小时 5.15 美元,并因通货膨胀渐渐缩水。服务业雇员国际工会(Service Employees International Union)以及其他工会和一些宗教与社区团体,决定在各州通过立法和公民投票推动相关变革。提高各州最低工资的活动在俄勒冈州、华盛顿州和加利福尼亚州取得成功,紧随其后的是 2004 年佛罗里达州和内华达州的巨大成功,包括年度生活费的增加和低收入选民在这一过程的参与。

这些成功导致另外8个州在2006年制定了选民公投计划，而且仅仅是这样一个活动的威胁就致使密歇根州和阿肯色州的立法机构依法提高了最低工资，从而阻止了可能出现的倾向于民主党候选人的现象，倘若有人提出一个将会吸引低收入选民的竞选提案的话。各州出现的这些显著变化为将联邦最低工资提高到7.25美元铺平道路发挥了重要作用。到2007年，有33个州已经提高了各自的最低工资——有一些州提到了高出联邦最低工资的50%的水平。最低工资水平高于联邦最低工资的州的数量从1999年的10个上升至目前的17个(加上哥伦比亚特区)。政府对工资还有其他方面的影响力。最近的一项研究报道，联邦承包商雇工的薪水低于联邦政府工作人员——在承包商的雇工中，有20%的人所得报酬低于四口之家的贫困线，相比之下，政府职员只有8%。为了吸引企业迁址而提供税收优惠的州可能要求企业向自己的雇员支付体面的工资，如一些企业早已做到的那样。在医疗保健方面的补助方案可能也要求养老院和家庭保健机构支付的薪水高于贫困线。

许多地方政府要求企业只有给予员工“维持基本生活的工资”才会得到政府的服务合同或开发项目的减税优待。他们通常要求雇主付给员工的工资在有福利的情况下是每小时10美元，而没有福利待遇时是11.5美元。批评者认为这样的法律妨碍经济的发展或者损害就业，但是美国进步中心(Center for American Progress)最近对制定了生活工资法的15座城市所做的研究发现，其就业增长水平与没有这一要求的类似城市是相同的。

克扣工资

在充斥着低薪工作的现实世界里，利欲熏心的卑鄙之举令人难以置信，而且随着非法入境打工者的蜂拥而至，情况变得愈发糟糕。其中最为令人发指的是那些明目张胆地骗取工人工资并公然藐视健康和安全条例的雇主。在美国各地的大城市和小城镇，数百万刷盘工、办公室清洁工、领日薪的临时工、保姆、家庭保健护理员、食品加工厂的工人和血汗工厂的工人每天都要忍受这一残酷的现实。如果雇主们没有完全克扣加班费乃至基本工资，他们也会想方设法绕开法律的制裁，比如使用分包商，并佯装对自己鼻子底下发生的事情一无所知，或者把自己雇用的人归类为独立承包商，从而规避自己应负的责任。非法扣减工资和无偿加班的现象极为普遍。芝加哥社会活动家金姆·博博(Kim Bobo)的优秀作品《美国的工资克扣》(*Wage Theft in America*)用犀利直白的语言清晰地讲述了相关问题。

研究者对芝加哥、洛杉矶和纽约的工人进行了调查，获悉仅在被调查的前一周里，26%的工人未拿到最低工资，76%的工人未拿到加班费。[40]在2006年的一次全国性的调查中发现，在此前的两个月里至少有一次，在领日薪的所有劳工中，有一半的人未收到任何报酬。2005年对纽约市餐馆打工者进行的一次调研发现，13%的人未得到最低工资，60%的人既未得到加班费也没有必要的工间休息时间。在马萨诸塞州，从1995年到2003年，将工人误归类为独立分包商的比例从8%一跃升至19%。[41]

从工人们手中如此偷盗来的钱款数额巨大。根据在芝加哥、洛杉矶和纽约进行的调查推断，因雇主的违规行为，这三座城市的工人们平均每周丢失5 640万美元。[42]按年度来计算的话，我们可以说，仅在这三座城市就有25亿美元的薪酬被克扣。

工人们不敢投诉，因为害怕被解雇，若是非法入境的话，则担心被遣返。守法的雇主感受到压力，要靠欺骗才不至于将生意输给违法的竞争者。不幸的是，执法机构人员配备不足，而且，就因为是哪一个政党在执政，他们甚至未能得以使用所拥有的有限能力。美国政府问责局(Government Accountability Office)报道，劳工部工资和工时处(Department of Labor's Wage and Hour Division)采取的强制措施从1997至2007年下降了三分之一多，这是一个与那个时期哪一个政党在执政不是没有关系的事实。[43]

奥巴马政府给工资和工时处增加了大约250位巡查

员,使得该处工作人员的总数达到 900 人。[44]相关各州增派了 600 多名巡查员。但是由于有 800 万处工作场所要去查看,挑战仍然是令人望而却步的。

尽管如此,还是有很多事情可以去做的。全国就业法律项目(National Employment Law Project, NELP)和许多其他权益捍卫组织,包括比如服务业雇员国际工会(Service Employees International Union, SEIU)已经联合起来,成立了一个公平工资工作小组(Just Pay Working Group),制定战略并采取行动。他们正与劳工部合作,将高度违规的行业作为整治的目标,而且——不是坐等个人前来投诉——是主动征询熟知各处实际情况的外部团体的建议。[45]全国就业法律项目还出版了一个供权益捍卫者参考使用、篇幅很长的工资克扣政策指南,为州和地方立法提供了二十多条建议。

科罗拉多州、伊利诺伊州、缅因州、马里兰州、新墨西哥州、纽约州和华盛顿州都已经使防范工资克扣的法律更为严厉,包含了公平工资工作小组和全国就业法律项目组的建议。所有这些都是工会、以信仰为基础的团体和各种其他同盟者组织起来并大力支持的结果。在 2011 年夏季,旧金山市颁布了一个工资克扣防范条例(Wage Theft Prevention Ordinance),这是由进步工人联盟(Progressive Workers Alliance)领导的一次活动所产生的结果,担当该联盟先锋的是金姆·博博率领的跨信仰工人联盟

(Interfaith Workers Alliance),其总部设在芝加哥,与全国就业法律项目组和服务业雇员国际工会有密切的合作。这个条例体现出全国就业法律项目组起草的政策指南中的许多规定:加倍报复处罚、对未发布最低工资通知的处罚、雇主向雇员通告即将进行调查的相关要求,以及所有案件必须在一年内得到解决的要求。

工会

在目前的困境中,如果还有一线希望的话,这可能就是工会将使人们看到团结起来保护自己的重要性。然而,在不久的将来,工会广泛复兴的前景看起来很暗淡。

工会需要劳动法改革,这样才能在把工人们组织起来时理直气壮,拥有力挫雇主的有效优势。目前,即使是在工会成功赢得投票得以组建时,雇主亦可以侥幸成功解雇员工中工会活动的组织者,以及几乎是无限地拖延合同谈判,却不会受到惩罚。对工会最为重要的是,《雇员自由选择法案》(*Employee Free Choice Act*)的立法,这将改革组织工会时的投票方式。当卡特和克林顿任总统时,他们未能够得到这样的立法,而且在奥巴马执政的前两年,他们所寻求的是立法让位于其他首要的施政任务。[46]国会中民主党占多数,甚至在众议院中得到60票,对劳动法改革而言,并不意味着享有超级多数,甚至过半数。如果这一事实没有充分说明我们目前的政治状况以及谁处于统治地位,那么我就不知道还有什么可以说明实际状况了。

我并无意要描绘一幅前景完全黯淡的画面。工会——不管怎样,有一些工会——仍然是一支重要的进步力量。各州关注最低工资的故事,还有目前针对工资克扣所做的工作,仅仅是工会已经发挥重要作用从而促进事态发生重要变化的两个事例。这些事例表明工会为了会员的利益而寻求发挥捍卫更为普遍的政治和社会权益的作用这一欧洲模式的可能性。

如果就业岗位仍然没有支付足够的工资维持生活,我们如何提高收入?

现状就是这样。尽管可能令人感到吃惊,但是我们没有——我们也不会很快就有——足够的好工作,让所有的人挣到得体的收入。在 2010 年,我们这个富裕国家有 1.03 亿人的所得收入——低于贫困线的 2 倍,或四口之家不到 4.4 万美元的收入——不能保证自己有定期购买生活必需品,如食品、住房和医疗保健等的能力,更不用说积攒任何存款了。

将最低工资提高到政界可能允许的最高值,并不能使我们取得我们所需要的成果。工会即使得到全面复兴,也不会让我们取得这样的成果。我们已经变成了一个低工资国家。有人可能会说,现在是"两极化",也就是,处于社会顶层的那些人盗走了过去40多年经济增长的全部果实，并不断让自己的生活更加富有和舒适，即使是在数百万人深陷困境之时。然而，在一个繁荣的国度里，运行良好的经济肯定应该为每一位工人创造出可以支付维持生活所需工资的工作。

必须有其他的一些措施——实际上，不止一个其他措施。幸运的是，我们确实有一些起作用的政策，它们虽然没有弥合收入差距，但是确实对人们的生活产生巨大的影响。

这些措施分为两大类：一类直接提高低工薪工人的收入，主要针对的是有孩子家庭的父母；另一类是我所谓的“社会责任的事情”，它们还具有增加收入的效应。这些措施包括健康保险、住房补助、儿童保育，以及高等教育。

联邦所得税减免是最主要的收入补助。它是一个极好的政策，也是一大政治成功，至少到目前为止是这样。这一政策就是所谓的退税优惠。“可退还的”意思是政府给纳税人签发一张支票，而后该纳税人就不欠联邦收入所得税或者所欠税款数额有所减少。

社会福利每年都有所增加，以便与通货膨胀保持同步增长。2011年，联邦所得税减免在有2个孩子、领最低工资的工人的年收入中最多增加了5 112美元，这一增加额使只领一份最低工资的这种家庭走出了贫困。[47](还有一类给予有3个孩子的工人的福利，是在奥巴马总统的《复兴法案》中临时颁布的。)有一个孩子的,最多是3 094美元。单身的个人也有资格享有联邦所得税减免,但是获得的最高额度只有464美元。[48]

联邦所得税减免政策制定于1975年,历经多年之后,其惠及范围不断扩大,尤其是1993年在克林顿总统的倡议下,但是也包括1986年和1990年其覆盖面的重大扩展——都是在两党的沟通支持下。它是一个强有力的工具,使400多万人脱离了贫困。其成本现在大大超过400亿美元,但是它有很高的参与率——在那些有资格参与的人中所占比例远远高于80%。[49]

联邦所得税减免政策并不完美,它含有一种对婚姻予以惩罚的效果,这对政策制定者仍是一大挑战。例如,如果两位单身父母,每人都带有一个孩子并获得联邦所得税减免,一旦结婚,他们的联邦所得税减免数额将会减少。各有两个孩子的家庭结合在一起,可能使其联邦所得税减免的总额减少一半。

另一个重要问题与单身者有关,或至少与无监护权的父母有关。[50]目前给予单身者的收入补贴最高额是464美元,如我在前面提到的那样。提高这一数额将会在一定程度上降低未婚低收入工人的贫困程度,这类人有数百万,而且也会帮助低收入无监护权的父母履行他们现在不能履行的抚养孩子的义务。

联邦所得税减免是一大政治上的成功,其原因之一是雇主们的喜欢，因为它使雇主们免于从自己的腰包里拿出更多的钱支付工资。直言不讳地说，这不是那么伟大。它可能使提高最低工资的提议更难得到通过。最低工资和联邦所得税减免不得不彼此处于持续的紧张状态。我们需要联邦所得税减免，因为工资如此之低，但是，为了使所得税减免政策给予某些雇主搭便车的机会最小化，我们有必要不断提高最低工资标准。雇主们对所得税减免政策的支持没有使右翼政治家停止对它的攻击，因为有太多的人逃脱了缴纳收入所得税的义务，但是简单的事实是，工人们若是有更多的收入的话，他们就要缴纳收入所得税了。

此外22个州有所得税减免。哥伦比亚特区(在我看来，是一个州)、纽约市和马里兰州的蒙哥马利县也是这样。所得税减免范围各有不同，从路易斯安那州按联邦所得税减免额的3.5%适度提供可退还的州税减免到哥伦比亚特区35%的可退还税收减免，尽管大多数州的退税额在经济衰退驱动的财政危机中被大幅削减。一旦州金库从目前的危机中恢复过来之后，这便是一片孕育更多工作的沃土。

另一个补充收入的有效途径是儿童税收抵免。这是给予纳税人的每个孩子1 000美元的税收抵免(从缴税款中扣除)，但那些低收入者也可以得到这种返税的待遇。目前，一个家庭需要有3 000美元的收入才能得到返税款。

对于有孩子的家庭,其收入超过 3 000 美元后的每一美元,可以得到 15 美分的儿童税收抵免。[51] 例如,收入为 13 000 美元、有 2 个孩子的母亲可以得到返税款 1 500 美元,即 10 000 美元的 15%。这一数额超过她从所得税抵免中所获得的返税额。预算与优先政策研究中心(Center on Budget and Policy Priorities)估计税收抵免的返税款惠及 1 300 万人,且使 230 万人摆脱贫困,其年度成本大约为 50 亿美元。但是,3 000 美元的退税门槛是消除经济衰退的临时性措施。如果到 2012 年末其适用期没有得到延长的话,可享受退税资格的收入门槛将恢复到衰退前的 13 000 美元左右,其效果将缩减大约 90%。

有 3 个孩子的所得税减免类别以及儿童税收减免的 3 000 美元收入门槛,是作为复兴法案的暂行规定而增加的措施,最初计划在 2011 年末到期。在 2010 年末使布什为富人减税的政策得以实施的税收大"妥协"中,使用的遮羞布中有一块就是将所得税减免和儿童税收减免规定的有效期再延长一年。

尽管这些收入补助在使低薪者摆脱贫困的过程中发挥了相当好的作用,但是我们仍将需要做更多的工作才能为那些收入不足以维持生活的人提供帮助。

在运用税收政策激发人们的工作热情方面,英国在布莱尔—布朗执政期间比我们美国取得了更大的成就。英国的就业税收抵免(Working Tax Credit)与我们的所得税抵免相类似，但其构成中有儿童保育一项，给予有1个孩子的家庭的补贴额几乎是15 000美元，给有2个或2个以上孩子的家庭是25 400美元。[52]

让我们把话题转到类别2，其中含有一个视关爱国民为自己的社会责任而提供的福利待遇，有的是普遍免费的，另一些是以收入审查为依据的。在这一类别中，我把卫生保健、儿童保育、住房和从幼儿园到大学的教育列入其内。多亏了奥巴马，容纳类别2的杯子已经注入了大量的资金。在其医疗保健立法的影响下，1 600万或更多的人将被加入到医疗补助计划体系中来。[53]在医疗补助计划近半个世纪的运行中，略微有些令人费解的空白是，它遗漏了大部分低收入的成年人（除了老年人和残疾人之外），这些人不在它的补助范围之内。只有福利家庭中的父母亲可以得到救助，而且这些人主要是妇女，即便是这些妇女也只占低收入妇女人口的一小部分。所有的贫困孩子已经在医疗补助计划的覆盖范围之内，医疗保险和医疗救助的结合也照顾到了老年人和残疾人，但是其他成年人大部分都不走运。奥巴马所取得的成就确实有历史意义。

对于收入低于贫困线133％的人而言，医疗救助的发放将会有效地补充工人们的工资（并增加其他人的收入），正如通过即将依法建立的交易所购买医疗保险、工资较高的工人所得补贴的范围一样。

另一个需要加强的收入等价物是儿童保育。在第二次世界大战期间，政府对儿童保育给予了补贴，使妇女能够在兵工厂里工作。这被称为《兰哈姆法案》(*Lanham Act*)，它所提供的资金在战后不再急需(或者，有些人会说，急聘)妇女外出工作的时候就销声匿迹了。

联邦政府直到1988年才重新开始为儿童保育提供特定的资金，结果却导致了一场长达20年的高度政治化且言辞激烈的辩论。尼克松总统否决了1971年民主党占多数的国会所通过的综合性儿童保育立法，称之为“与家庭为中心的抚养方法相对立的公共抚养孩子的方法”。[54]尼克松当时刚从其具有历史意义的中国之行返回美国，想做些事情，安抚一下对他这次出行不满的右翼批评者。此后几乎有20多年，极端保守派曾阻止联邦政府给儿童保育大量拨款。这一僵局在罗纳德·里根和乔治·H. W. 布什任总统期间才得以解开，这两个人与尼克松不同，他们俩签署了由共和党国会颁布的特别关注儿童保育的诸项法案。

联邦的作用在一定程度上与1996年福利法一起得以扩大。其理念是如果打算将小孩子的母亲推入就业市场，那就应该提供儿童保育。或许并不出人意料的是，提供资金的水平一直与言辞中所说的不一致，尤其是由于没有法律赋予的援助权利。在过去的15年，联邦提供的儿童保育资金基本上一直是持平的，满足了大约七分之一依据收入有资格获得援助的母亲们的需要。[55]对于所有因离家外出工作而需要儿童保育援助的母亲而言，如果要在职场上取得成功，能否获得这种援助是极为关键的。而且，再说，它是一项具有货币价值的补助——实际上是相当于增加低薪工人收入的一种补助。

第三个至关重要的收入等价物是住房。对低收入者而言，住房是生活成本中的一个主要构成部分，而且近些年来变得越来越昂贵。普遍接受的经验法则是住房在家庭预算中所占的比例应该不到30%。根据这一标准，2009年，有一半以上的承租人住在房租难以承受的住房里，有710万家庭不是将50%以上的收入用于支付房租，就是住在严重低于标准的出租屋里，比2007年增加了20%（或许更多的是因为不断下降的收入而不是不断上涨的租金）。[56]根据联邦指导原则，没有任何一个州可以让有一份最低工资工作的家庭能够按联邦定义的“公平的市值租金”支付得起两室的住房或公寓。[57]

在这方面的两个主要的联邦政策是公共住房和住房券。由联邦政府提供资金修建的公共住房，可以追溯到新政时期，现有大约120万套。住房券是从尼克松时代开始实施，惠及200多万家庭。这两个项目加起来共影响到四分之一依收入有资格参与项目的人口，如果资金雄厚的话。对于那些足够幸运得到住房救助的低收入者而言，住房补助是收入的一个重要补充来源。

我们拥有的第四个主要收入等价物是在高等教育方

面提供的帮助,主要是佩尔奖助学金。以罗德岛州参议员克莱本·佩尔(Claiborne Pell)的名字命名,该助学金是尼克松时代的另一个产物。他们现在有足够的资金支付大多数州的社区大学学费,尽管学生们仍然需要想其他办法支付日常生活中的其他开销,这可能是一件很难办的事,而且奖助学金的数额有限,因而很多人无法攻读四年制的大学。现在面临的另一个问题是社区大学的容量不够大,因而以营利为目的大学就进入了竞技场。这些营利性实体带来严重的问题。令人担忧的是,太多的营利大学学生毕业率很低,一些大学提供的课程严重不足,近乎欺诈。还有一些就是公然诈骗。大量的证据告诉我们,有必要对他们实行更加严厉的管制,尽管他们花钱雇用的游说者们提出与之相反的要求。

我早先曾说过这一点,但是它有重申的必要,因为实施的所有这些项目,使我们现有的贫困者人数减少了很多,而且有数百万低薪者的生活有所改善。如果每一个需要帮助的人都能得到住房和儿童保育,那么甚至会有更多的低薪者将更接近于得到过好生活所需要的收入。要是所有的劳动者都得到了足够多的薪酬而不需要我们提供儿童保育和住房这样的补助,那就太好了。

提高低薪者的收入,无论通过何种手段,也都将是好的经济政策。正如富兰克林·罗斯福总统曾简明扼要地谈到的那样,“低廉的工资意味着低下的购买力”。

我们如何能够使收入和财富分配更为公平?

这是一个涉及上千亿美元的问题,但是历史确实让我们看到了希望。在我们国家,富裕者总是拥有过多的权力,但是这一权力所能触及的范围时大时小。有时民众会将其抵挡回去,战胜他们。19 世纪末期,铁路、石油公司和其他一些行业的贪婪造成了平民的反抗,进而导致《州际商业法》(*Interstate Commerce Act*)和《谢尔曼反垄断法》(*Sherman Antitrust Act*)的出台。接下来的是“进步时代”(Progressive Era),在此期间,移民工、揭发丑闻的记者、城市改革者,以及社会福音的追随者们,对大公司的权力发起了更加尖锐的反击,并产生了一连串新的面向社会的立法。当然,大萧条给我们带来了新政和对在富兰克林·罗斯福领导下所颁布的具有历史意义的法律的广泛支持。

长期以来,我们一直在向右倾化的方向发展。从尼克松到里根到金里奇到乔治·W. 布什(特别是和迪克·切尼),还有到最近的茶党,这一行动路线真的是令人惊恐。在我们的政界,每一次民主党占优势地位时,都会比前一次进一步右倾。民权使更多的南部地区落入共和党人之手。越南战争和水门事件将我们国民对政府的信任撕开了一个大洞。罗伊诉韦德案使社会保守主义右派活跃起来。可以自由流动的竞选捐献给公司权利这台机器提供了动力。有一大部分选民认为民主党人没有践行自己的承诺。目前大量心怀不满者认为,民主和共和两党多年来都没有做出多少有益于缓解收入较低的那一半人(或者可能是处于收入较低端的55%或60%的那些人)所面临的不断严重的经济紧缩问题。所以,如果政府不帮助普通百姓,那为何要使政府更强大?为何非得要一个政府?不妨把选票投给想要将政府缩小到在浴盆中就能被淹死的程度的政党。

那么现在情况如何?现在正在发生的事情使尼克松甚至里根看起来(对某些人来说)都像是温和派。困难时期更容易激起人们的愤怒,如果这种愤怒闷了好长一段时间的话更是如此。在我们这个深度分化的国家,茶党所拥有的权力已经远远超出了其实际人数所能及的范围。疲软的经济使大众对政府解决方案的信心日渐丧失。许多人认为奥巴马对华尔街的帮助要多一些,而对普通百姓要少一些(左右两派都抱有这种观点,但是对于应该做什么却有不同的结论)。许多确实想对富者多征税的那些人想把这笔收入用于减少长期积累下来的国家债务而不是帮助那些需要帮助的人,即使是经济衰退的受害者(而我不得不说,许多人仍然没有接受非裔美国总统的想法)。

我远非第一个指出在有钱有势者和对经济状况愤愤不平的选民之间有一种因愤世嫉俗而结成联盟的人,后者是受这些有钱有势者的行为所伤害的那些人之中的一些在社会问题上非常保守的人。但是，恰好就有这样一种联盟，尽管可能是内隐的，但实在是太成功了。联盟中的那部分非富有者加入其中是因为他们对政府感到失望或者全然憎恶(在经济状况较好时，是出于他们所坚信的社会保守主义)。但是有人可能要问为什么有钱有势者要反对帮助较低收入者的措施——这与他们有什么关系呢？答案是他们最想要的是低税收(和无管制)，而如果政府打算花钱去帮助确实需要帮助的人(并且还提供诸如医疗保健这样有助于许多非贫困者的福利)，那就更难维持低税收。毫无疑问，有人明白，从长远来看，普通百姓腰包里的钱为公司的产品创造需求，但是如果不是短期就见效的，那么在公司的视野中就什么都没有。自私胜于无私。

在政治上，少数素有温和派称号的共和党人对来自茶党的主要反对者心存惧意。在许多关键议题上有长期两党合作记录的参议员现在也在许多投票的时候仿佛是从未看到过由共和党方面提出具有建设性的提议。此时的政治使实质性僵局进一步恶化。

目前的政治不会有什么变化，除非有一个人数足够多的选民阵营非常气愤，进而采取行动。再次参加总统竞选的奥巴马，需要把向有钱有势者的挑战当做其竞选活动的中心。在2011年末，在我撰写此番文字时，他已经发表演讲，着手来做这件事情，而且如果这一问题继续存在的话，那么在推动解决此问题的过程中此种领导将会促使其成为当务之急。

但是,人们切不可消极被动。一直以来,令我感到诧异的是,那么多曾受经济危机和华盛顿2009年刺激计划失败严重伤害的人竟如此保持着沉默。唯一的声音却来自右翼,他们既愤怒又失望,其中有许多人经常违背自己的经济利益,毅然断定政府无用(除了国防和执法)。如果更多的人发出支持总统这样做的声音并在其犹豫之际敦促他这样做,总统会更有可能继续强调富人多赋税的义务。

截至2011年末,我们当中的许多人都是满怀同情和兴趣,观看着全国“占领华尔街”运动的进展,想知道它会播下什么种子。在我撰写本书之际,宿营阶段的活动声势似乎在逐渐减弱,但是,“我们是那99%”的观点已经开始更广泛地传播。“占领华尔街”运动肯定在公众意识中将不平等问题提到一个更高的地位,媒体对不平等问题的报道也在急剧增加。最大的问题是,占领活动是否将会激发民众的热情,汇集政治力量,结成更广泛的联盟,并为之创造发展空间。这是真正希望之所在。

但是,除了这个尚未得到回答的问题,还有一点不清楚,这就是“那99%”的目标是否确实包括整个美国人口的99%。让富人和企业比他们的秘书支付更多的税款至关重要,但是这未必是与贫困或者甚至是收入低于贫困线

2倍的1.03亿的人有关的、更好的政治开端。如果我们要取得进展，来自上层的领导和来自底层的行动必须协调一致。这一点能做到吗？至少，有一个事实，指向一个肯定的回答：超级富豪的自我扩张以其自身的方式对我们的民主构成危险，就如同一个多世纪前强盗大亨的暴行一样。

第五章
深度贫困：安全保障网上的巨洞

对抗贫困的议程本身划分为当下和将来两部分——本质上讲，就是在现在对于就业和收入问题需要做什么，以及我们需要如何在孩子们身上进行投资。而“当下”这一部分还可以再次划分为解决劳动力市场的疲弱问题和编织一张更加牢固的安全保障网络。美国的安全网远比其他任何一个工业化国家的安全网更加支离破碎，并且其最大的漏洞存在于极度贫困情况的恶化。现在出现的问题是，我们整个安全网是否需要重新定义。低薪工作仍然存在，而且我们似乎难免会经历一个异常长的高失业时期。这些情况的发展表明，在政策上需要根本性的改变。

承前所述，我们并不是没有采取措施使贫困者摆脱深度贫困，这也正是本章中我特别关注的问题。请记住，传统的贫困测量方法不包括实物收入（比如食物券和住房券），而且是以税前收入为基础计算的（因此也不包括联邦所得税减免），尽管包括了以现金支付的贫困家庭临时救助金、社会保险和额外保障收入。因此我们需要明确的是，在某种程度上，传统的贫困测量方法高估了被视为极度贫穷者的总人数——在此提醒一下，在2010年是2 050万。

在实际工作中，这到底意味着什么？预算和政策优先中心（Center on Budget and Policy Priorities）的奥洛克·谢尔曼（Arloc Sherman）研究了公共福利在减轻深度贫困方面的影响。好消息是，它们确实能够减少深度贫困的发生。坏消息是涉及两个方面。第一，这些政策对身处深度贫困人群的影响几乎无一例外地仅仅是将他们提升至“一般”贫困，而不是彻底地将他们从贫困中解脱出来。第二，即使加上所有的公共福利，仍然有1 500万人而不是人口普查显示的2 050万人身陷深度贫困之中。[1]

通过使用美国国家科学院（National Academy of Sciences）的另一种贫困线（该贫困线包括了各种形式的现金以及与现金等价的收入），谢尔曼发现食品券是深度贫困最强大的解药。2005年，食品券使160万儿童摆脱了深度贫困。社会保障居于其次，使80万儿童——主要是已故工人的孩子——摆脱了深度贫困。其次，额外保障收入使得大约70万身患残疾或者父母残疾的儿童摆脱了深度贫困。贫困家庭临时救助金和挣得收入退税分别使60

万儿童摆脱了贫困,住房援助帮助约50万的儿童逃离贫困的魔爪。[2]

即使将所有的福利考虑进去,形势仍不太乐观。谢尔曼计算出,从1995年到2005年,身处深度贫困的儿童增加了近75%,到2010年又增加了30%。

为什么在20世纪90年代中期以来身处深度贫困的儿童增加了?最主要的原因是福利的近乎消亡。1996年颁布的福利法案终结了享受现金救助的法定权利,并开始对联邦政府给予任一特定家庭的经济资助实施5年期限的限制。各个州饶有热情地对他们新得到的自主权做出响应,几年的时间里就在全国范围内将福利名单上的人数减少了三分之二。这种自主权不仅仅伴随着一个强有力的、来自华盛顿的将人们从福利名单上抹去的信息,而且出现在持续不断的财政刺激上。每个州无论福利名单大小都收到一笔固定的联邦资金,因此,减少福利名单人数就可以腾出资金用于其他用途。

谢尔曼指出,1995年,抚养未成年子女家庭援助计划(Aid to Families with Dependent Children, AFDC),即贫困家庭临时救助计划的前身,将62%低收入家庭儿童从深度贫困提高到"普通"贫困水平。相比之下,2005年,贫困家庭临时救助计划仅使21%的儿童脱离深度贫困。用谢尔曼的话来说:"通过贫困家庭临时救助计划所提供的现金援助使得摆脱深度贫困的儿童总数减少了160

万——由 1995 年的 220 万降至 2005 年的 64.5 万。”

这些极度贫困的美国人究竟是谁？首先，他们大多居住在南方，这里农村失业和季节性低薪工作极为普遍，贫困家庭临时救助金非常低，只能够帮助到有资格享受该福利的一小部分人。在 15 个贫困率最高的州中，有 11 个在该区域内，所有深陷贫困的人群中，有 42.2%的人居住在该区域(尽管南方人口仅为全国人口的 36%)。所有深度贫困的非裔美国人中，有一半人口居住在南方(非裔美国人的深度贫困率是普通人群的 2 倍)。在那些深陷深度贫困的儿童中，有 76%是来自单亲家庭。[3]

比较好的消息是人们不会永远陷于深度贫困的境地中。常识告诉我们这一点，因为难以看到一个收入从未超过贫困线一半的家庭如何会长期维持下去(尽管确实有这样的家庭)。以我们目前仅有的少量数据来看，有一半深陷贫困的人能够在一年之后摆脱深度贫困(尽管他们将来很可能再次遭遇一段时间的贫困)。那些收入在贫困线一半以下的人中，只有四分之一的人深陷贫困的时间会长达连续 3 年。然而，这些讯息却起不到宽慰人的作用，尤其是对儿童的情况而言。即便仅经受 6 个月的深度贫困，由此产生的创伤也会使孩子在情感上、心理上、身体上和教育上长时间脱离正常轨道。即使深陷贫困的时间非常短，也会对一个人或者一个家庭产生挥之不去的影响，这个影响比基本统计显示的还要深远得多。

长时间深陷贫困的家庭可能不会出现,其原因之一是这些家庭往往最终会破裂。家中未成年的孩子被寄养到亲戚家中或者由州政府相关机构收养。父母则因绝望而自暴自弃,如选择去卖淫,还有的锒铛入狱或停尸太平间。这样的问题实际上可能会被低估,因为这些人无家可归或者抽样采访接触不到这些人。

所有这一切向我们提出了一个非常重要的问题:如果通过安全保障网为处于社会最底层的那些人提供救助的必要性——至少使他们远离最严峻的贫困境地——对于他们大多数人来说完全是暂时的,那么为什么没有人做出回应?帮助他们所需花费并不多,而且对保守派来说,很难作为攻击人们不自救的借口。当然,帮助他们走出"经常性"贫困的必要性仍然存在。

那么我们为什么不行动呢?我认为其中的部分原因,虽然不是全部原因,是因为绝大多数美国人完全没有意识到我之前提到的那个令人震惊的事实——我们有600万人的唯一收入来自食品券,尽管杰森·德帕尔对这一重大事件做过新闻报道。

社会福利出了什么问题?

无论1996年前美国福利制度的真实情况如何,它为收入极低的母亲和儿童所提供的安全保障网络,还有食品券，都为他们提供了庇护，使他们得以远离一贫如洗的生活。而如今，在很多州都再也见不到这种情形了。比如，在整个怀俄明州范围内，曾有318户家庭——共计644口人——于2010年9月获得贫困家庭临时救助金救助，约为整个州贫困儿童总数的4%。[4]

究竟发生了什么事情？贫困家庭临时救助计划是如何出台的？

社会福利从未受到过欢迎。富兰克林·罗斯福称“对救济的长期依赖……是人类精神的麻醉剂、隐形杀手”。罗伯特·肯尼迪说，福利“令给予者和接受者均感有失尊严”。与罗斯福非常相似，肯尼迪的观点是我们已经“忽视了真正的需要——我们真正的需要曾经是，并且依然还是，为所有人提供体面的、有尊严的工作”。

当比尔·克林顿就任总统时，福利的某些方面出了问题。我肯定罗伯特·肯尼迪会这样想，而且我也相当肯定弗兰克·罗斯福也会如此。（我也这么认为。）在美国人口中，接受抚养未成年子女家庭援助计划的比例超过5%——也就是人口的二十分之一——有史以来这一比例所达到的最高值。这说明有些地方出了问题。

有两件事情出了问题——一件是实质性的，而另一件是政治上的——但是我们为应对这些问题而采取的政策措施招来了可怕的后果。就其优点而言，可以说福利政策从未曾认真地对待就业问题。这正是肯尼迪所抱怨之处，而在克林顿执政时依然如此。有 1 400 多万人享受福利——500 万成年人,主要为母亲,以及她们的孩子——因为从来没有人为此真正付出努力(与让他们继续享受福利相比这样的花费要多一些)来做一些必要的事情帮助他们找到并且守住工作。随着《1988 年家庭支持法案》(*Family Support Act of 1988*)的出台,人们也做出过积极的努力,虽然力度不大,但是当该法案生效的时候,各州都在忙于应对衰退,没有拿出它们那份资金,于是该法案实际上也就付诸东流了。经济衰退之际绝不是让人们就业的绝佳时期,除非由政府出面创造就业岗位。

福利应该主要是一种补缺型的概念——为没有其他依靠的人们所准备的最后一根救命稻草。在大多数情况下,它应该只是暂时性的,而且实际上——此外,不管保守的教条要你相信什么——情况总是这样,大多数接受救济者享受福利的时间并不长。20 世纪 80 年代末和 90 年代初,被政治所煽起的愤怒之火不仅是对福利名单长度的反应,也是在发现尽管大多数接受救济者很快就不再享受福利,但某一天在福利名单上的人中约有一半仍在长时间接受福利救济时,所产生的反应(这两种说法怎么可能都是真的? 设想一家医院,有 2 张床位,其中的一张床位,在 10 天里,一共有 10 位住院者使用过,每天 1 人;另外一张床,整个 10 天里,由同一个人使用。在这 11 个人之中,有 10 人在医院中住院一天,但在特定某一天的住院者中,有一半住院时间较长。这一点与我之前所说的持续贫困情况相同)。

解决实质性问题的正确方法——尽管这个方法将会花费一些钱——是在就业方面付出前所未有的认真努力。但是政治却指向了不同方向。由于受到种族政治的强烈驱使,20 世纪 60 年代福利名单的大幅增加引起了对福利事业无休止的攻击。里根的当选将反福利活动的领导权带入白宫。当时,有太多人在接受福利救济,但这从未造成财政资金的流失,因为福利救助金从未超过联邦预算的 1%。但是,在右翼党派对福利制度长达数十年的攻击的鼓动下,选民们感到异常愤慨,因为在他们看来,为数众多的可以而且应该为生计而工作的个人正在不劳而获。

受个人生活问题所困扰的总统候选人克林顿,在新罕布什尔州与这件事情正面交锋,那里强势而又极端保守的曼彻斯特报纸《工会领袖》(*Union Leader*)正在煽风点火。由于在 1988 年法案上所起到的领导作用,他深谙这个问题,于是他回应道,他将“结束我们所知的福利”,由此提升了他作为“新”民主党人的形象,接着在该州的初选中,他表现出众,从而得以峰回路转,重燃参选的希望。

克林顿在当选总统后,最初推行的是医疗保健计划,并且在 1994 年提出了一项福利法案,该法案提议的一套改革方案项目数量比此前有所增加。但是在那年秋天新选出的国会中,共和党占多数席位,使这一问题成为中心议题,他们实际上曾说过,“结束我们所知的福利?我们知道如何做到这一点”。

在1995年秋天,克林顿表示,他将沿着共和党所推动的路线签署一项法案进行根本性变革,但是随后否决了共和党人认为他不会接受的两个版本的提案,尽管第二个和他最终签署的非常接近。在接下来的半年里,他们的政治策略是谴责克林顿不作为,没有签署法案。然而,在1996年6月,他们决定再试一次。由于担心在得到国会控制权2年后没做出任何成就,对选民无法交代,以及(非常正确地)考虑到随着选举的临近,克林顿将会签署一项激进的改革法案,于是他们向克林顿呈上了一项与1月被其否决的那项非常相像的法案。这次,在1996年8月,克林顿签署了这项法案。

这一结果是克林顿嗜好三角关系的最典型的例证。法案的签署(正如他所看到的那样)有助于保证他得以连任,同时也有助于共和党保住对国会的控制权。

这对低收入人群则意味着享有现金援助的法定权利的终结,取而代之的是给予各州一整笔补助资金,使各州得到较宽的酌情决定权,可以自行决定将帮助谁以及如何提供帮助,并且还对救助某一特定家庭的联邦资金的使用设置一个终生只可以享受五年救助金的限制。

我应该说一说我在这段历史中的亲身经历。在贫困家庭临时救助计划颁布之时,我正担任卫生与公众服务部负责规划与评估事务部(Planning and Evalua-tion at the Department of Health and Human Services)的助理部长一职,之后我辞去了该职务,以示对这一计划的抗议。我还写了一篇文章,刊登在《大西洋月刊》(*The Atlantic*)上,清楚地说明了我认为此举将会带来的后果,为此在颂扬贫困家庭临时救助计划辉煌成就的叙述中,我成为无足轻重的人物。在这类新闻报道中,大多数共和党人提到我时,都嘲笑我对该项法案可能引起儿童贫困程度加剧的可怕预言。但我不得不说我是对的,对此我深感遗憾。由于(没有人能预见到)当时的经济很热,所以在法案通过后的最初几年里,最糟糕的结果并没有接踵而至。即便如此,在此期间丧失福利救济的妇女中,有40%最后是既无工作也没有现金援助,而在这些人当中,近乎有一半最终没有任何其他资助机制——没能结婚、获得额外保障收入援助,或者搬去与家人同住。在过去10年里,贫困家庭临时救助计划所带来的伤害愈加明显,在目前的衰退中到达其近乎无用的顶峰。当然,这一切并不能阻止政界所讲述的贫困家庭临时救助计划的伟大成就,在没有进行任何修正的情况下继续为人传颂,正如尽管在大多数州实际上已得不到任何福利救济的情况下,仍然无法阻止保守派继续声称为了得到福利人们仍在生孩子的做法一样。

贫困家庭临时救助计划做了什么?

抚养未成年子女家庭援助计划从不慷慨,但它确实惠及非常多的贫困家庭。福利水平一直由所在州设定,但是法律要求各州向依据联邦和州法律被认定为符合条件的每一个人提供福利——一种"权利",该词已成为政界的一个修饰语。

在中值水平的州中,抚养未成年子女家庭援助计划和食品券的结合,提供了相当于贫困线60%左右的收入,其变化范围从支付额最低州的40%(一直是密西西比州,在那里抚养未成年子女家庭援助金曾是——以及现在的贫困家庭临时救助金仍然是——贫困线的12%),到支付额最高州的80%。像今天的贫困家庭临时救助金福利一样,抚养未成年子女家庭援助计划提供的现金补助并不与生活成本的上升挂钩,因此在20世纪70年代早期到20世纪90年代中期之间丧失了超过40%的购买力(贫困家庭临时救助计划在1996年生效以来所提供的补助金贬值了28%,因为其每年166亿美元的拨款从来没有增加,但是接受救济者的数量在大幅下降,使得每个州都有充足的资金,如果他们想这样做的话,完全可以让福利水平跟上通货膨胀的趋势,或者甚至是提高福利)。

因为抚养未成年子女家庭援助计划是一项权利,所以参与率相当高——符合条件的人有80%参与，所有贫困儿童中有60%以上参与(在抚养未成年子女家庭援助计划和现在的贫困家庭临时救助计划中，由州政府设定有资格享有福利的收入水平，通常是远低于贫困线水平)。因此，对有未成年子女的家庭来说，貌似有一张安全保障网。如今的参与率只是1996年贫困家庭临时救助计划颁布时的一半：符合条件者中约有40%，而贫困儿童远低于30%。[5]一直都曾有人生活在深度贫困之中，但没有严重到——远不及——我们现在所面临的状况。

安全保障网的日益削弱，不仅只是表现在通货膨胀对已显不足的福利水平的影响。诚然，很多州福利救济的施予从未慷慨大方，而且全然是吝啬小气。在参与程度上有巨大变化——这不足为奇，因为全国接受救济的人数徘徊在400万左右，在贫困家庭临时救助计划出台之前，这一数字超过了1 400万。

我在此前提到的怀俄明州的相关人数并不是一个异常的数字。在2008年，有19个州，20%或者更少的有未成年子女的贫困家庭收到了贫困家庭临时救助金。有11个州，12%或者更少的人在接受贫困家庭临时救助金。情况最糟糕的6个州是怀俄明州、爱达荷州、得克萨斯州、路易斯安那州、伊利诺伊州和俄克拉荷马州。[6]

在帮扶贫困家庭方面做得最好的是加利福尼亚州，其福利救助惠及高达73%的家庭，比其他任何一个州都要高，尽管在过去3年的财政大紧缩中它的项目被大幅削减——然而，令人费解的是，加利福尼亚州在向符合条件的人群发放食品券方面有尤为不良的记录。在贫困家庭临时救助金的发放方面，唯一与其接近的是马萨诸塞州，为67%。为抚养未成年子女的贫困家庭提供救济金服务的比例在50%或以上的其他州是缅因州、罗德岛州、华盛顿州和康涅狄格州。2008年，在全国所有贫困家庭临时救助金的接受者中，加利福尼亚州占30%，尽管如今这一数字可能变得更小。

福利较低的州通常（并非一律）就是那些为贫困人口提供救助服务的比例较低的州。在每个州，福利水平都不及贫困线的一半。有30个州所提供的福利是贫困线的30%。有13个州提供的福利低于贫困线的20%。最低的为贫困线的15%或者更少，这些州是密西西比州、田纳西州、阿肯色州和阿拉巴马州。2011年南卡罗来纳州也进入到这一令人郁闷的行列中来，将其福利削减至贫困线的14%。

在密西西比，由于11%抚养未成年子女的贫困家庭足够幸运，可以享受福利，因而该州福利和食品券合在一起，给这些家庭带来略高于贫困线40%的收入。换句话说，在密西西比州，一个既接受贫困家庭临时救助金，又接受营养补充援助计划的家庭仍生活在深度贫困中，或者一个3口之家获得的救济少于9 000美元。

“高”福利州——贫困家庭临时救助金福利高于贫困线40%的州——是阿拉斯加州(50%)、加利福尼亚州(49%)、纽约州(47%)、佛蒙特州(44%)，还有马萨诸塞州、威斯康星州和新罕布什尔州(各为43%)。需要记住的是，要弄清楚每个州的安全网都是什么，必须将食品券考虑进去，还有对每一美元的收入或者现金援助所给予的食品券配额相应减少了30美分，这一因素也要予以考虑。因此，即使在福利水平较高的州，一个收入来源仅仅为贫困家庭临时救助金和营养补充援助计划的家庭所获得的收入低于贫困线的70%——足以避免深度贫困但远不足脱离贫困。

伴随着经济衰退的降临，情况已经变得越来越糟。在2011年，八大州和哥伦比亚特区不是削减福利，就是收紧了人们获得福利的时间限制，或者二者兼而有之。

引起我注意的是，我们这个国家拒绝帮助那些在密西西比苦苦挣扎的家庭，没有给他们提供像加州一样的福利，然而却在继续为亿万富翁的度假住宅、游艇和其他财富的占有减免税收，而且还能够(一如既往地)泰然处之。

几乎每个州现在为有未成年子女的贫困家庭所提供的福利水平都低于它在实施抚养未成年子女家庭援助计划时所提供的水平，而且所支付的福利救济金比20世纪90年代早期的少，而当时又比20世纪70年代的少。也就是说，一边是加州，另一边是密西西比州和怀俄明州，其间的差距曾是而且一直是巨大的。公平地说——即使存在灾难性的金融状况——加州仍提供了某些可被视为安全网的福利帮助,而密西西比则从来没有。更为严重的是在其他几十个州,包括很多加入到垫底的密西西比州行列中的许多州中发生的情况。

享受不到福利,人们何以应对?印第安纳大学的克里斯汀·西斐德(Kristin Seefeldt)在密歇根采访并密切跟踪了一组39人的样本,其中大部分是低收入的单身母亲,她们中有60%的人收入低于贫困线,有些人的收入只有4 000美元。一个重要的事实,已由上述统计数字所证实,那就是,总的说来,福利不再是解决方案的组成部分。[7]

在西斐德样本中的大部分女性,在能找到工作的情况下都是一直在工作的,但是即使在衰退发生之前,她们仍然有过多次阶段性的失业。她们从家人和朋友那儿得到一些金钱或实物上的帮助,尽管随着衰退的到来,这种帮助不再普遍。她们在非正规经济活动中为熟人打工——比如做饭、照顾小孩和理发——但是,这些工作随着萧条的到来化为乌有。对那些极少数足够幸运的人来说,一个重要的救助就是补贴性住房。另一个更为频繁采用的“解决方案”就是和男人生活在一起,而这常常意味着她们的人身安全将面临巨大的风险。

西斐德发现,对女性来说,债务管理是一项重要的(亦是冒险的)策略。她们非常频繁地搬迁,就是为了逃避累积的租金、延迟支付账单，或者部分支付像水电费这样的欠款，因为她们凭经验知道，这些公共事业部门不会对她们盯得特别紧。她们不会装固定电话，这样收账人就很少能找到她们。或许有些令人惊讶的是，很多人使用信用卡来满足日常的生活开支，然后这付一点儿、那付一点儿，去偿还卡上积累起来的债务——她们期望所付金额正好足够使她们避免更大的麻烦。

城市学院的希拉·泽德勒维斯基(Sheila Zedlewski)和现在正在哈佛大学工作的凯瑟琳·艾丁(Kathryn Edin)研究了95个生活在深度贫困之中，既没有实质性工作也没有现金援助的家庭。[8]几乎全部都是与未成年孩子生活在一起的母亲。他们提到这些母亲没有工作的三个主要原因。三分之一的人没有工作是因为健康状况不佳(根据报道，有一半的人精神或者身体状况非常糟糕)。四分之一的人找不到工作，另外四分之一的人找不到值得信任又能负担得起的托儿所。大多数人因为程序上的各种原因无法获得贫困家庭临时救助金——“麻烦”、处罚、时间限制或者无资格。近四分之一的人说，她们并不想从政府那儿领取福利(出于自尊或者由于麻烦)，而且大约有六分之一的人更愿意在没有政府介入的情况下从孩子父亲那里随时得到子女抚养费(实际情况是政府将会留下所有或者大部分收缴上来的扶养费)。

如西斐德所研究的那些人一样，诸多家庭靠不稳定的子女抚养费、家人的零星帮助、慈善机构提供的定期帮助、做零工、食品券和其他实物性的政府救助艰难度日。四分之三的人或从政府、家庭和朋友那儿获得住房帮助。毫不奇怪,无论有多么微不足道,住房帮助是生活下去的关键。这些家庭中只有四分之一得到食品券、住房补助、成人医疗补助和儿童医疗补助全部四项救助。依据《合理医疗费用法案》(*Affordable Care Act*),即将实施的成人医疗补助显然是一种重要的实物收入形式,而更为重要的是,它将使得女性因身体或心理问题而无法进入就业市场时得到帮助。

数学政策研究所(Mathematical Policy Research)对爱荷华州离开贫困家庭临时救助计划的16个家庭进行了类似的研究,这些家庭没有稳定的工作,因此月收入不及500美元。[9]不足为奇的是,其中很大一部分人忍饥挨饿,无力支付房租,无家可归,享受不到公共事业服务。正如城市研究所(Urban Institute)所研究的家庭一样,没有人获得现金救助。收入来源与城市研究所研究的家庭相似,另外还洞察到,人们只有靠尽己所能挣取额外收入,这不仅包括打零工,还有收集易拉罐,以及典当财产。人们面临的另一个问题是债台高筑。

令我感到惊讶的并不是人们应对贫困的方式。他们之所以这样做,完全是出于人之本能,尽管说他们的"应对"是有些夸张。令我感到更惊讶的是,在美国有如此多的人竟贫困到如此无以复加的程度。

克林顿时期所形成的政治反映出，人们对给予有孩子家庭的现金补助应该发挥何种作用存在着理解上的缺失。正确的理解是，它有三个目的：作为临时的安全网；作为通往就业的桥梁（从这里到那里需要适当的支持）；另外，对一小部分人来说，是长期的支持机制。

第一个目的很简单：给人们提供一个临时的安全网，在因某个变故而陷入困境，又无足够收入渡过难关的时候，帮助他们重新站起来。除此之外，它是对将很多人排除在外的失业保险制度的一个补充。这一点在经济衰退时期尤为重要，但是在经济形势最好的时候，也有人处于这样的境遇。1996 年法案中的 5 年时间限制，在理论上与这个目标是契合的，正如这个新项目的名称所示（尽管在很多州获得救助近乎不可能，现如今临时性援助这种想法已经成为泡影）。

第二个目的——这个目的是 1996 年法案的基础，而且在我看来，在全国各地都被误解了，在大多数州也是处理不当——与较为长期接受福利救助的人有关，这些人可以工作，但却没有这样做。1996 年法案的前提是，有为数众多的无差别人群，绝大多数是选择了靠领取救济金为生的女性，而她们所需要的只不过是在背后猛推一把，就可以过上更富有成就的生活。

我为什么说这一目的被误解和处理不当呢？因为当

时是达成了政治共识，但是却不清楚那些在福利救济名单上停留很长一段时间的人并不是无差别群体，不能够以同一方式对待每个人。诚然，在20世纪90年代后期经济过热的时候，因工作要求和一生有效工作时限这一大棒的威慑，以及收入所得税减免（1993年其范围有所扩大）这一胡萝卜政策的利诱，有一些人能够找到工作，而且这群人中确实还包括一些应该给予一定刺激、促使其尽早走上工作岗位的人。

但即使是这群人，这些最容易就业的人们，也并没有都过上幸福生活。大约一半找到工作的人仍旧没有逃脱贫困的魔爪，很多人面临着像儿童保健和交通不便等问题，阻碍着他们将找到的工作继续干下去。还有很多人，如果曾允许他们一边工作，一边接受教育和培训，或者在那之前，接受培训，那么他们本可以做得更好。不过在法案颁布后的最初几年里，全国有五分之三此前接受救济的人在失去福利救济后确实找到了工作。

总的说来，能领到薪水的低收入单亲母亲的比例从1995年的49％上升到2000年的64％。这是个好的发展趋势，但是从那以后这个数字一直在下降，到2009年降至54％。[10]

最初离开福利的那些人中，有五分之二的人没有去找工作，而是决定接受教育和培训。[11]这正是第二个目标更为显而易见地被误解和处理不当之处。“工作第一”——

贫困家庭临时救助计划的准则，对受助者来说，意味着直接走上工作岗位是绝对优于接受教育和培训的——并不适合于所有的人，即使他们有机会得到雇用。可以肯定的是，岗前工作培训计划的跟踪记录并不充分，但是贫困家庭临时救助计划在这一方面却有180度的大转弯。确实有记录显示，很多州让贫困家庭临时救助金的接受者放弃他们已经入学就读的社区学院或者其他课程，转到无薪的工作岗位报到上班。然而，相关部门不仅应该允许更多的受助者接受教育和培训，而且也有必要对他们进行个人评估，帮助每个人根据自身情况选择最适合自己的方法，越过横亘在他们通往职场成功之路上的阻碍。这其中有心理健康问题，尤其是临床抑郁症，还有文化程度以及与缺乏工作经验相关联的基本技能问题，还存在儿童保育、交通、家庭暴力和滥用药物等问题。在许多情况下，若能针对每个人实施一套量身定制的计划，那么这些问题都是可以克服的。

全国范围内传送到各州的讯息是：第一，要尽可能把人们的名字从福利名单上去掉；第二，要让每个人都去工作(而不是给予必要的帮助，使他们取得成功)。新法案给各州提供的是整体补助款，这给了他们很大的灵活性，可以自己设计拨款项目，但是这些讯息一经被篡改后，就成了两个车贴上的政治口号："缩减福利名单"和"人人工作第一"，并由旨在诱人服从的强有力的激励措施予以支持。

在全国性的会议上，州长们聚集一堂，竞相角逐，看谁有权吹嘘已经最大幅度地减少了待处理的福利案件的数量。

在一个充满关爱和体贴的社会中，福利还有第三个目的。有数量相对较少的一部分人，并非患有法律意义上的残疾，但却因这样或那样的原因不适合工作或者一直难以找到工作。这其中有些人身处深度贫困，因为他们无法获得贫困家庭临时救助。还有很多人住在农村地区，远离工作地点。相当多的人有长期的身心健康问题，这些问题是职场成功的主要障碍，但不足以使他们无能为力到可以合法享有残疾人福利的程度。另外有一些人需要长期照料患有慢性疾病的儿童或者成人家属。这些人大部分是女性，她们有充分理由不被强制要求在外面工作。如果没有她们照顾这些慢性病人，政府就需要花上数百万美元给这些人建立某种形式的救助机构，而正是这些女性为政府省下了这一大笔开支。仍然还有一些人依旧是家庭暴力的受害者，如果她们想逃离现状，就需要现金援助。在这些女性中，没有法律意义上的残疾者，但是她们都有充分的理由享受到这方面的救助，而不应该受到武断的时间限制。

因此就有这样余留下来的一小部分人，有绝好的理由不进入劳动力市场。1996 年通过的福利法案，允许各州使用联邦政府所拨资金，对他们所处理的救济申请中高达 20%的求助者在联邦政府规定的 5 年时限到期后继续予以福利救助，这的确是施予各州的一些小恩赐，可却未得到重视。实际上，很多州并没有认真采纳这一可选救济方案。那条被歪曲的讯息大行其道——无论如何都要缩减福利名单。

在许多地方，福利已经变得几乎没有什么实际意义了，因为各个州追逐的首要目标是缩减福利名单并将其维持在较小规模。他们从三个方面来实现这样的目标。一个是时间限制——不仅有对联邦救助施以的5年期限的限制，而且还有大多数州所采用的形式不一、时间期限更短的限制，而这些都是按照联邦法律规定所允许的做法。第二个是处罚政策，即如果认为人们在某些方面不合作时，就将他们从福利名单上甩出。有22个州给自已授予了这样的权力，借此把所有第一次未能按要求亲赴福利救助申领处——比如因为车子坏了、小孩生病或者根本没有收到开会通知而错过或者延误与某个福利机构工作人员会面——的家庭从福利名单上抹去。爱达荷州将那些三次违反相关规定的人从福利名单上终生抹去。[12]所有这一切做法都是完全合法的。

然而，还有第三个也是最大的一个因素，这就是很难搭上贫困家庭临时救助这班车。你如果不把紧前门，就不能将福利名单从1 400万降至400万。如今有42个州提出正式分流和寻找工作的要求。分流可以理解为给人们发放一次性救助款让他们可以临时应急，而不是将他们记录在福利名单中。如果应用得当的话,这可以是帮助人们的一个绝佳方法。但是,有太多的时候,分流意味着人们在申请福利的时候,被告知要去找一份工作——而且有时候还必须表明他们或许申请过 20 或 30 份工作都遭到拒绝,即使是在工作显然难以找到时,亦有这样的要求——甚至是在考虑给予他们贫困家庭临时救助之前。许多雇主极为不愿与来自福利办公室的不速之客(申请人)打交道,甚至拒绝在申请者的证明书上签字,而这些证明书正是他们所需要的、可以表明他们正在努力寻找工作的证据。交通不便和无人照顾孩子,不会被视为无法满足多项申请要求的借口。其真正意图是要打消人们申请救济的念头。贫困家庭临时救助办公室的很多工作人员用简单的几句话就将准申请者拒之门外,说他们看起来是可以工作的。在抚养未成年子女家庭援助计划之下,联邦法律规定每一个符合条件的受助者都应享受到服务。现如今他们仍没有依法获得帮助的权利。真正令人震惊的是,在当前经济衰退的形势下,很多州依旧采用分流和求职要求。这就是为什么在衰退期间贫困家庭临时救助金福利名单只略微有所增加,而且在很多深受危机影响的州甚至出现下降的情况。

总的来说,各州在运用已有的最佳手段——帮助人们找到并保住工作,最好是他们能够胜任的最佳工作(当然,假设工作是可以找到的)——控制福利名单方面做得不太好。2005年，当1996年法案更新之时，国会已经有此前将近10年对什么方法有效、什么方法无效的经验和研究所取得的成果。一个明显的发现就是，尽管很多人在通往成功的道路上面临多重障碍，但最终还是可以成功的，但其前提条件是他们能够享受到为他们每个人量身定制的服务。截至2005年，在不超过200万仍在福利名单上的成年人中，可以取得成功的那部分人（而不是暂时留在名单上的那些人）绝大多数都需要得到真心帮助才能取得成功。车贴式的政治口号和腚后一脚的强硬措施不会起到这种作用。然而国会没有注意到这一点，反而使福利申请的有关要求和处罚程度甚至更加严厉，就好像那些长期接受福利救济的一小部分人是游手好闲和无家可归之徒。

无法获得福利是深度贫困的主要原因。2002年，已经不再享受福利的人群中有三分之一的人收入低于贫困线的一半。据预算和优先政策中心的资深研究员谢尔曼的分析，从1994至2004年，处于深度贫困的家庭的百分比几乎增加一半，并将其主要原因确定为得不到福利救助。城市研究所最近的一项研究发现，从2004至2008年，五分之一的低收入单身母亲既没有工作也没有政府的现金援助，与之相比，从1996到1997年，这一数值为八分之一。[13]

鉴于华盛顿特区目前的氛围，贫困家庭临时救助计划是少有的一个能让两党达成广泛共识（虽然在民主党方面,并非意见完全一致)的话题,但是在这件事情上两党达成共识并非一件好事,因为民共两党的广泛共识是,贫困家庭临时救助计划是一个成功的项目——享受福利人员名单减少了75%,这是每个人都应该知道的全部情况。

有几位国会成员,主要是那些国会进步派核心会议成员,以及有些州的个别参议员更了解实情。为什么这么少?为什么支持福利的核心会议成员如此之少,哪怕在电话亭(如果还能找到电话亭的话)里召开会议都可以容得下?

这可以追溯到1996年福利法案的颁布。克林顿对法案的支持让民主党人左右为难。福利是一个白热化的政治问题,在选举即将来临之际,总统表示他将签署一项法案,而至少他们当中更为进步的人士倾向于反对该法案。然而,在1995年秋天,只有12位参议员投票反对与最终颁布的法案极为相似的这个版本,其中有一位是右翼共和党人,他认为该法案太过于随意。只有一位在1996年将要再次参加竞选的参议员,已故的保罗·维尔斯通投了反对票(一共有24位参议员投票反对1996年最终得以通过的法案)。在参众两院中一边倒的选票将许多民主党人置于将来不得不说这是一个巨大胜利(尽管会有与之相反的事实出现)的处境。然而,事实却是与此截然相反。

贫困家庭临时救助计划并没有做到一个为有孩子家

庭提供现金帮助的系统应该做到的那样，对此如果我们之前不知道的话，现在是知道了。1996年，政策制定者们仓促地下了结论，且仍旧热切地为它贴上成功的标签，而没有费心去密切关注它的进展情况，并在问题变得明显时去设法予以修正。每个人都只是在“福利改革”之成功的圣坛上祈祷，而他们中的大多数人对正在发生的事情毫不知晓。

综上所述，我想要阐明的是，寻找对大多数人发挥作用的解决方案本身就存在一些难以应对的问题。严酷的事实——家庭结构的改变，伴随着全球化而来的低薪工作的增加——意味着即使是最聪明的政策制定者也不知道该如何是好。贫困家庭临时救助计划的情况有所不同的是，它是自己造成的创伤——一个政治家抛出了一个政治口号，置数百万生命于风险之中。在实施贫困家庭临时救助计划最初的几年中，既产生了一些好的结果，也有一些非常不好的结果，但是当前的情况是一清二楚的。贫困家庭临时救助计划从一开始就造成了损害，但是在萧条时期它未能提供一张现金安全网，这很清楚地揭示出它的庐山真面目。

着手解决深度贫困问题

所有其他富裕的工业化国家都有基准收入的保证，至少给那些有孩子的家庭提供通常所说的“家庭补贴”或“儿童补贴”。这些补贴一般是发放给每个人的，无论他们的收入如何，然后通过税收从高收入人群中收回。其支付金额不高，通常是三层体系中的最底层。在其上一层是为那些无工作的人设立的收入扶持计划，除所定支付水平的国家标准不同之外，与我们过去的福利计划一样。在最上层，有类似于所得税减免的工资补充。

我们现已退回到某种基准收入保障这一层——营养补充援助计划——但是处于非常低的水平，根本不足以支付购买食物的费用。我们怎样才能做得更好？我认为，第一步是要提高公众意识。我愿意相信，如果更多的人知道有多少人收入水平之低，简直到了用“难以相信”一词来形容都毫不夸张的地步，那么为他们大声疾呼的声音也会越来越多。

我们对私人救助的慷慨与我们对公共政策的拥护之间是脱节的。《60 分钟》(*60 Minutes*)节目中播放过一个短片，报道的是一个有 3 个孩子的家庭，他们在经济萧条时期失去了所有的收入。他们有足够的钱支付廉价旅馆的一个房间，但是他们的积蓄正在快速减少。全家每人拿着一个标语牌走上街头，上面写着他们愿意做任何工作。一家当地的社区大学雇用了父亲，但是即使那样，他们还是没有足够的收入得到住房。当这个短片在《60 分钟》节目播出以后，捐款源源不断，父亲也有了更好的工作。《60

分钟》作为夏季重播节目第二次播放了这条短片，并且报道称，这家人已经重新站稳了脚跟。

有成千上万的家庭，并没有这么幸运。不过，还有其他的数千民众——虽然数量上少一些——也还是得到了私人慈善机构的帮助。但是即使在这次严重的经济衰退情况下——即使有那么多的新人加入到贫困者行列——对失业救济之外的公共政策的支持意愿依然是有限的（而且即使是失业救济，工资很低和做兼职的人也仍然是拿不到的），而且对那些有资格享有长期失业救济者给予支持的意愿正在逐渐消失。

也许支持更满意的基准收入的最佳理由来自一项与大脑发育和家庭动态变化相关的新研究，该研究证实童年贫困——尤其是幼儿期贫困——和之后的不良结果之间有着明显的联系。被著名研究员格雷格·邓肯（Greg Duncan）和他的同事凯瑟琳·马格努森（Katherine Magnuson）引用的研究表明，适度提高低收入家庭的收入，可以使孩子们取得更高的学业成绩和更好的就业结果。他们引用的研究认为，收入低于25 000美元、有小孩的家庭，若收入持续得到3 000美元的增加，那么孩子成年时的收入增加有17%与此相关。在孩子接受学校教育的最初几年里，收入的这种增加与一学年所取得的成绩进步有20%的关联性。[14]

我之所以提出深度贫困问题需要引起人们的特别关

注,是因为这一问题的严重程度,以及这个问题被大部分媒体和政客们所忽视的事实。但是解决深度贫困的办法不能孤立地运行。正如前面所述,食品券不只是给予无其他收入者的一个收入流,其功能还在于尽量或更多地充当低薪者的一种收入补充。基准收入的现金部分,即贫困家庭临时救助金的适当变形,也应该作为——无论如何,要在全国范围内有一个既定的福利水平——基准收入和收入补充。与此同时——这一点非常重要——贫困家庭临时救助金对大部分接受该救济的人来说应该是通往就业或者是其他自给自足之路的起点。

如果我们不再指责贫困家庭临时救助计划的受助者,首先需要停止用看待异类的眼光来看待他们。他们中的绝大多数人都是就业后又失业。他们想要得到工作,想要像所有其他父母一样供养自己的小孩。我们需要设计一个有意义的、以工作为导向的体系,帮助他们做到自己想做的事情,这包括适当的教育和培训。我们对贫困家庭临时救助计划受助者的轻蔑看法,以及随之而来的贫困家庭临时救助金濒于绝迹的大缩减,导致这个富裕国度里深度贫困现象的异常激增。

第六章
集中贫困："被遗弃者"

曾获普利策奖的《华盛顿邮报》专栏作家尤金·罗宾逊(Eugene Robinson)在他的著作《分崩离析：美国黑人的分化》(*Disintegration: The Splintering of Black America*)中，使用到了短语"被遗弃者"。[1]我们国家可能有充分理由，庆祝"二战"以来非裔美国人所取得的成就及进步，但是有一个极为令人不悦的例外：有所成就者与无所成就者之间两极分化现象的出现。种族主义和种族歧视还没有完全消失，但是对数以百万计的非裔美国人来说，所面临的问题不仅有种族问题，还涉及阶层问题。

在罗宾逊的描写中，被遗弃者指的是在提到贫困的时候很多美国人首先想到的那些人——那些居住在内城贫困区的非裔美国人。但是我们国家被遗弃者不仅仅是非裔美国人，而且他们不仅仅是居住在内城贫民区的居民。

他们是在保留地上的印第安人,从前的阿巴拉契亚煤矿工人,在加利福尼亚、佛罗里达和其他地方从事季节性工作的农场工人,阿拉巴马和密西西比的佃农,还有一个个城市里按日计酬的打工者。

在这一章中,我关注的主要是那些居住在内城贫民区的被遗弃者,他们大多是但远非完全都是非裔美国人:生活在比其他贫困者更为集中、持续、世代相传的贫困条件下的人们。罗宾逊所举的例子是新奥尔良的下九区(Lower Ninth Ward)——由于卡特琳娜飓风暂时进入公众视野——以及哥伦比亚特区的阿纳科斯蒂亚河(Anacostia River)以东的社区。

内城贫民区的贫困者是所有贫困者中相当少的一小部分人,但他们却是与贫困有关的政治戏剧中的核心角色,尤其是那些非裔美国人。他们所在的内城贫民区是美国非常典型的居民区,这里的种族、贫困和政治问题交错纠结,给人们带来极为不幸的后果。这些居民区是持续上演人类悲剧的地方:街头暴力肆虐,高中毕业的青年人寥寥无几,监狱和拘留所内满是这类地区的年轻人,太多十几岁的女孩子怀孕,大量女性独自抚养孩子,吸毒与酗酒猖獗,儿童受到体虐和性侵,艾滋病的发病率以惊人的速度增加——这样的情况不胜枚举。

诚然,也有成功的故事:确实有年轻人挤过只允许少数几个人取得成功的倒置漏斗。人们所在的街区邻里远非铁板一块。如果40%的居民是贫困者,那么就有60%不是贫困者,因而贫困者中也就会有许多人有工作可做。在社区中,有忠实的居民担当中坚,肩负起领导的重任,可以带来一定程度的稳定性。但是贫穷程度高和贫穷程度低的社区之间在方方面面,无论是未完成高中学业的人数、已婚或未婚的人数、失业人数,或者其他许多参数,都形成了鲜明的对照。然而,不知何故,我们看不到将每件事情联系在一起并迫切需要全面应对的诸多关联。总的来说,这是灾难性的。

我视为不幸的事件,却被别人贴上了未能履行个人责任的标签。谁会对人们必须负起责任这一主张抱有异议呢?那不是问题之所在。问题是,我们能做些什么去帮助人们始终如一地肩负起对自己和孩子的责任。如今在内城区出生的孩子并不是降生在伊甸园中。原罪发生在很久以前。他们在恶劣的环境下长大,这对他们的成功甚至仅仅是生存都是极为不利的。这些犬牙交错的问题可能得不到解决,就因为有人满不在乎并说内城的人们必须自负其责。

这是相当棘手的事情。无论我们谈论的是内城、阿巴拉契亚,或印第安保留地,我们都是在谈论同一个问题:有太多的贫困者都住在同一个地方而且住的时间很长——长得足以使一些行为从一代传递到下一代,并且在每一代的同龄人之间得到强化。

只需看看华盛顿特区的寄养名单，就能知道这是多么难以解决的问题。2009 年，特区儿童福利保护机构新接受的儿童中，有 76％的生身父母为青少年或者是第一次生育的少女。我向一位年轻有为的律师询问道："为什么这些妈妈不知道自己的所作所为对自己及其所生孩子的未来会造成什么影响？"她是这些女孩的代理律师。

她说："她们认为自己不擅长其他事情，但是相信自己将会是好妈妈。"

"但是难道她们不知道自己将遭遇的困境吗？"我问道。

她说："她们的妈妈未婚生育了她们，有些女孩的祖母未婚生下了她们的妈妈，而且她们的朋友中很多人也是未婚就生了孩子。"这是很棘手的事情。

空谈"贫困文化"无济于事。但是将他们所反映出来的数据和行为掩盖起来，同样也是无济于事的。这些行为必须加以纠正，但不是采用较具惩罚性和轻蔑性的方法——这些方法，我们已经用得足够多了——而应该采用将结构性的改革与鼓励和支持个人负起责任的一对一的方法相结合的应对措施。

为了更好地支持积极向上的行为，需要促成一系列的变化。没有始终如一的激励，良好的行为是很难养成的。在我们所需做的事情中，有些是结构性的。更好的学校、真正的升学和就业机会、更多人有工作、收入有所增加、更为公正的刑事司法制度、更为安全的街道、完善的医疗保健、优质的社会服务,都是很重要的。但是只有结构性的改变还远远不够,行为问题也必须得到解决。

我们能否做一些事情,提高个人和父母的责任感?当然能。积极向上的榜样是至关重要的,尤其是对年轻人。父母,尤其是年轻的父母,可以通过他们孩子所在的儿童护理中心和学校的课程,学会怎样成为更好的父母。如果家访能够在完全自愿的基础上顺利完成,也是非常有意义的。亲子家园项目(Parent-Child Home Program),每年服务14个州的150个社区,就是一个很好的例子。学校可以讲授非暴力以及公民参与的重要性。教堂可以发挥更为积极的作用,动员教区居民担当指导老师和导师。社区和街坊的各类领袖人物有义务发挥建设性的作用。

在这方面,我认为自由派和保守派一直都是在各说各话。呼吁个人责任并不是要“责备受害者”。没有人能在一生中不承担个人责任就取得成功,但是同时我们也需要有机会存在,我们还需要扩大对话的范畴。

这里的问题涉及种族和阶层。在我们谈论美国黑人社区时,我们应该清楚的是:尽管整个社会有责任做更多的事情,但是黑人社区有其特有的义务来面对自己内部的阶层问题。很多不尽义务的事情是由其他非裔美国人所为——有些是有意为之,有些是对公民义务的疏忽所致。毫无疑问,有好的一面:在每个社区和各行各业,都有非裔美国英雄在兢兢业业地工作着，发挥着重要的作用。有这样一些英雄，他们教育和指导孩子、建造房屋、帮助从监狱里释放出来的犯人突破他们所面临的巨大障碍等等。但是也存在一些不尽如人意的事实。让贫困的黑人孩子学无所成的教师中，有太多的人本身就是黑人；实施逮捕任务的警察和满怀我会礼貌地称之为过度热情的、看守年轻黑人的狱警中，有太多的人本身就是黑人；在福利机构工作，本来能帮助黑人申请者得到福利却将其拒之门外的福利机构工作人员中，有太多的人本身就是黑人。总的来说，太多做得越来越好的黑人将自己所在社区内的穷困潦倒者视为"别人"。

所以本章探讨的中心议题是地点问题——有太多的贫困者住在一个地区。这不是一个种族或民族的特有问题，这一问题存在于城市地区也存在于农村地区，但是在这一章里，我主要关注的是市中心区。贫困产生许多不好的结果，但是无论是性质上，还是数量上，这些结果都没有贫困集中出现的时候那样可怕。市中心、阿巴拉契亚、南方的黑人聚集区(Black Belt of the South)以及印第安部落保留地上的贫困更持久、更具有代际相传性，因此和一般贫困相比更加棘手，难以解决。

内城集中贫困的最新情况，难以描述，但是境况显然比 10 年前更为糟糕。2000 年以后，人口普查在方法上做出重大改变，不再收集 10 年间根据普查区分类的收入、种族和民族的信息,这显然是由于预算上的原因。更新一点的信息来自美国社区调查(American Community Survey, ACS),它反映的是从2005至2009年的滚动平均值。该滚动平均值基于小规模样本,专家们发现这些样本不是很可靠,但是该平均值非常清楚地向我们表明,像一般贫困,尤其像深度贫困一样,集中贫困从2000年以来一直在恶化。

2000年的情况,非常出乎意料的好。城市学院的专家托马斯·金斯利(Thomas Kingsley)称之为好得“令人惊讶”。与1990年相比,住在极度贫困社区的贫困人口数量大幅下降,其中非裔美国人的比例也有所下降。在美国,仅有的几个贫困人口显著增加的地区是在加利福尼亚州和西南地区,略有增加的地区是在东北地区。很明显,贫困状况得到总体改善的原因是20世纪90年代后期的过热经济。[2]

贫困率达到或超过40%的普查区(约有4 000人的社区和地区)通常被认为是集中贫困地区。集中贫困从1970至1990年稳步上升,而后在20世纪90年代下降。居住在集中贫困地区的大都市贫困者比例在1980至1990年从13%上升到17%,然后在2000年回落到12%。在大城市的贫困者中约46%是黑人,37%是拉美裔,11%非拉美裔白人。[3]

布鲁金斯学院的一项分析得出的结论是,居住在大都市集中贫困区的穷人数量从2000至2009年上升34.5%，到2010年可能会更高。[4]在中西部地区几乎翻了一番，南方地区增长了三分之一，然而在东北地区和西部地区一般没有变化。在郊区极度贫困人口普查区的数量增加了54%，而在城市增长18%。布鲁金斯学院的分析表明，总体上我们回到了1990年的水平，尽管该问题出现的地区发生了实质性的改变。

华盛顿特区有最高比例的集中贫困人口普查区。华盛顿特区里最贫困的地方是第八选区，其贫困水平从1980至1990年上升27%，到2000年上升36%（从所在地区上来看，应该比实际得到更多的关注），2005至2009年则为35%。20世纪90年代贫困状况的恶化尤为令人担忧，因为这一时期是举国上下贫困状况都“很好的”10年。

看一下集中贫困比例较高的州，就可以看出其中涉及的种族和民族的组合情况：居住着非裔美国人的南方各州，居住着白人的西弗吉尼亚州，居住着印第安人的南达科塔州，居住着拉丁裔人和印第安人的亚利桑那州和新墨西哥州，居住着非裔美国人和拉丁裔人的加利福尼亚州和纽约州。[5]

西部和西南部地区的特困社区与美国其他地方的典型特困社区看起来不一样。比如，圣地亚哥的高地城——这里是已故的索尔·普赖斯（Sol Price）（普赖斯俱乐部的创始人）所领导的邻里复兴活动主要所在地——57%是拉丁裔,18%是亚裔,13%是黑人(包括了美国第二大的索马里裔人口),8%是白人,其他族裔则为4%。[6]高地城在另外一方面与其他地方有所不同,即通常来说在特贫社区里住着的不是非裔美国人:这里有大量的移民,这就意味着人员的流动率较高,人们会尽可能快些搬出去。这里依旧是集中贫困之地,但是住在这里的很多贫困者并不是1年后或者10年后的同一批人。

本章阐述的基本战略问题是:我们需要做些什么来分散市中心贫民区的贫困人口。在理想的情况下,我们应该设法让市中心贫民区的每一个人都迁出,将他们分散到遍布大都市地区的种族和经济融合的社区里吗?或者是我们应该设法振兴内城贫民区,使其能够成为一个健康的社区,让其中的大多数居民有稳定的工作?或者,如我所相信的那样,有一个“混合”战略,既追求目标的实现也能够让人们对将来住在哪里有真正的选择权?

如果这些不是新出现的问题,那么解决这些问题的努力也不是什么新举动。

罗伯特·肯尼迪与贝德福德-斯图文森区

20世纪60年代,内城贫民区一度处于种族问题的风口浪尖。当马丁·路德·金和其他许多人为了结束南方的种族隔离进行不屈不挠的非暴力的斗争时,对失业和歧视的忍无可忍加剧了暴力冲突，这种现象在其他地方开始出现，最终于1965年夏天在瓦茨（Watts）爆发。在约翰逊总统签署具有历史意义的《投票权法案》11天以后，就发生了瓦茨暴乱，几乎可以肯定，这不是巧合。对认为受到种种限制又无法逃脱现状的内城年轻人来说，新法案是没有任何意义的。

1965年11月，肯尼迪参议员要求我和我的同事亚当·瓦林斯基（Adam Walinsky）为解决市中心区的贫困问题出一些主意。在骚乱发生以后，他公开对此表示强烈谴责，但是现在他想要一些具体的建议，以便采取进一步的应对措施。他谴责暴力，但他同时认为，城市贫困引发了有关经济正义的深层问题——在他看来，在消除美国种族隔离的斗争之后，美国面临着公民权利的重大挑战。

美国城市的种族隔离现象历史悠久。大约在“一战”结束后出现的“大迁徙”（Great Migration）中，人们向北部和南部迁移，数十年来，非裔美国人发现无论他们愿不愿意，都被指定迁入到特定社区中居住。公共政策和私人歧视一起导致了这种情况的出现。苛刻的联邦政策以及银行业的趋利性让非裔美国人根本无法在种族隔离区以外购买或者租赁到房屋。即使是在种族隔离区内，除了从零星分布的非裔美国人开立的小银行那里，他们也无法获得抵押贷款。鲜有例外的是，真正能够买得起住房的非裔美国人是那些能够付现金的人（这对资产积累的影响一直持续到今天)。公共住房的选址决策也强化了种族隔离。

直到20世纪60年代后期为止,实施种族隔离的社区,虽然贫穷,但有企业主、医生、律师、教师、传教士和殡仪师居住在那里,大家住在同一个社区,彼此相处得很好。这里的失业率比白人社区高,由于“二战”后退伍军人重返劳动力市场,争相回到先前的工作岗位,经济架构已经开始出现破损,但是尽管如此,还是有一些工厂工作和其他体力劳动工作可做。有些社区因20世纪50年代城市改造政策(“黑人搬迁”,在非裔美国人社区如此称呼)而遭到破坏。然而,直到20世纪60年代,依然存在社区意识,尚有稳定感(至少曾在那里长大的人现在会这样看待它),尽管其中仍旧有种族隔离现象。

20世纪60年代美国经济开始每况愈下。即使民权运动正在逐步废除美国的种族隔离,但是市中心贫困区的经济状况还是开始日益恶化。市中心区以外更广阔世界里经济状况所发生的变化重重地冲击着市中心区。失业蔓延,尤其是在年轻人中间。在瓦茨和全国各地的市中心区,人们的愤怒再度升温。

亚当和我为肯尼迪于1966年1月要在三个地方举行的三场演讲提出了一些想法。这些演讲涉及两大主题:如何消除大都市地区的种族和经济隔离,以及如何振兴市中心的集中贫困社区。

消除种族和经济隔离,事关重大,但同时也难以实现。

就振兴社区问题，肯尼迪采纳了亚当推荐的想法。外来资金和投资，无论是政府的还是民间的，都将为经济发展提供支撑，并且可以促进住房和社区设施的升级。这一想法的部分内容很有前瞻性，这就是让当地居民自己动手改善自己的住房和自己的社区，从而能够创造出就业岗位。在演讲三部曲的第一个演讲刚开始时，肯尼迪说他之所以做演讲就是“要建议一定要把我们帮助北方黑人的目的贯穿到我们为城市未来所做的每一个计划之中”。[7]

可能早在他所预料的时间之前，肯尼迪就看到一个将复兴社区的想法付诸实践的机会。在发表完三篇演讲之后一个月左右的一天晚上，他会见了布鲁克林以非裔居民为主的贝德福德-斯图文森区的领袖。他们此时心情急切。瓦茨的情况令他们忧心忡忡，他们对若不采取措施减少自己后院的高失业率和贫困率问题将会发生的事情感到担忧。他们要看看肯尼迪是否能够帮助他们。

肯尼迪概述了自己的计划，并且——在得到观众以及后续面谈者的积极反馈后——决定按计划展开工作。在接下来的几个月里，他每星期两次甚至三次飞到纽约，努力去实现这个项目。在人们力推某个行动方案时，不仅有社区大争论，还有与约翰·林赛(John Lindsay)市长、尼尔森·洛克菲勒(Nelson Rockefeller)州长及主要的商业和金融领导人就他们和外界人士如何来帮助社区展开了旷日持久的谈判。

在尘埃落定之际，其行动结果便是贝德福德-斯图文森复兴公司(Bedford-Stuyvesant Restoration Corporation)的成立。在富兰克林·托马斯(Franklin Thomas)(他后来成为福特基金会的领导者)的领导下，该组织并没有展现出亚当·瓦林斯基所构造的用无偿劳动重建社区的理想主义形象，但是尽管如此却包含着一个最雄心勃勃的想法：一个可以复兴深陷困境之地的内外合伙关系，正如罗伯特·肯尼迪在公司献词中所说，连接着"最好的社区行动和最好的私营系统"。这个公司的工作，至今仍在继续，就是建造和翻新房屋，为获得住宅所有权进行融资，促进经济发展，以及赞助文化和艺术活动。

同样重要的是，肯尼迪和他的联邦资深同僚，共和党参议员雅各布·贾维茨(Jacob Javits)成功修正了《经济机会法案》(*Economic Opportunity Act*)——向贫困立法宣战——授权联邦政府给像贝德福德-斯图文森复兴公司这样的创举提供资金支持。这些资金，与众不同，因为使用它们的提案可以根据某个复兴中社区的具体需要而量身定制，十几年间，在全国可得到这些资金的社区，开展了数十个类似的尝试。

此外，还有来自福特基金会和其他来源的大量资金，如今所得到的结果是2 000多个社区开发公司(Community Development Corporations, CDCs)，以及不计其数的其他市中心贫困区开发组织和为这些公司的活动提供融资帮助的区外实体。如地方项目支持公司(Local Initiatives Support Corporation)、企业社区合作伙伴(Enterprise Community Partners)、美国邻里计划(Neighbor Works America)及其相应的许多地方性组织,在为低收入群体建造和修复住房以及促进低收入社区经济发展方面都产生了切实和深远的影响。

贝德福德-斯图文森是一个成功的案例吗?是,也不是。是,从社区所取得的确切结果来说,当然是成功的:新建或翻新的住房有2 200套,为将近1 500户房主提供抵押贷款融资,社区投资4.75亿美元,2万人实现就业,建造了比莉·哈乐黛剧院(Billie Holiday Theatre),等等。但是,从所有这些成果的总数上来看,我们所做的还是远远不够的,从这个意义上说,它是不成功的。我们竟然在当时的时代精神感召下,飘飘然地认为一个极好的社区发展公司就可以胜任一切,这未免太过于乐观了。社区发展公司的工作应该是更大的社会政策机制中的一个齿轮,其宗旨是振兴内城贫民区,它需要有一个经济战略,能够使人们在社区之外实现就业。此外,在肯尼迪去世后不久,美国开始长时间地偏离他所倡导的各种社会政策措施。倘若看到我们对内城贫民区已给予的——以及继续给予的——有意义的关注有多么得少,他会感到震惊。

从肯尼迪到克林顿

自贝德福德-斯图文森复兴公司创建以来，我们已经掌握了很多脱贫之道，但是令人苦恼的城市集中贫困问题依旧如影随形。与此同时，市中心贫困区的现状已经变得愈发糟糕。自肯尼迪执政以来，我们已经目睹了就业市场上的巨大变化，高收入群体从市中心贫民区的大逃离，保守派在政治上的摇摆不定，未婚母亲生育的孩子数量的增加，可卡因和艾滋病的流行，等等。这些事实中，有一些是集中贫困对行为的影响所导致的后果。其他一些则反映出一直以来在战略和政策的设计和实施上所做努力的失败。

社区发展公司运动本身也存在问题，其中包括一些动机各异的同床异梦者问题。社区中加入到社区发展公司中的一些人有一套黑人权利和社区控制的政治议程。他们乐于接受外部资源，让外部雇主在他们的社区设立工厂和商店，但是他们的根本目的是利用这些东西，作为他们在自己最近活动范围内的各个角落创建独立经济和权利基础的一种手段。那种经济形式将有其自己的引擎，而且——共居于同种族社区中——社区发展公司将成为市政中既有凝聚力又高效的一股力量。

另一方面，一些给予帮助的区外人士非常乐于这样做,因为他们可以将其作为一种战略,用以消除可能出现的要求解除城市种族隔离的呼声。有意或无意间,一些市长、公民领袖和基金会负责人都能够看到让市中心贫民区居民留在他们所在地的价值。

贝德福德-斯图文森战略的核心亮点是肯尼迪的朋友、IBM 的执行总裁汤姆·沃特森(Tom Watson)在那儿创建的一座制造工厂。如此轻而易举就得到了与 IBM 的合作,使人们以为类似规模的其他活动也会随之而来。这种情况并没有出现。然而在社区范围内可以实现经济振兴的想法仍占主导地位。

鲜有振兴计划是针对现实而做出的反应,当时在大多数城市,工作岗位越来越多地分布到郊区,因为缺乏让市中心贫民区居民迁移至那里的具体实际的办法,所以这些郊区大多是他们难以到达的地方。反歧视法律本应该得到严格的执行,但实际上也没有严格执行。这些不足,再加上市中心贫民区的一些居民——尤其是男人——对白人雇主的消极态度,使这些人到仅有一趟公交车或地铁之遥的岗位成功就业的效果大打折扣。

同样令人不安的是,没有几个社区振兴计划力争在提高社区孩子们正在接受的教育水平方面发挥作用。想要工作的人需要接受更好的教育和培训,而当地学校,至少可以这样说,在这方面所做的工作还不够好。然而,有一个例外,这就是在巴尔的摩市沙城(Sandtown-Winchester)社区的振兴行动——由已故的詹姆斯·劳斯(James Rouse)先生发起，他给世界创建了马里兰州的哥伦比亚城、巴尔的摩内港(Baltimore Harbor)和波士顿的法尼尔厅市场(Faneuil Hall Marketjlace)——在20世纪90年代中期，它担负起了当地小学建设的责任。

此处我要表述的观点并不是说贝德福德-斯图文森是一个完美的样板，或者说通常情况下社区发展公司和类似的组织是完美的样板。在实际应用中，它们往往有我所提到的缺陷，在它们发展得最好的时候，也并不代表一个全面的战略。但它们还是有可以发挥的作用。它们已经做出了重要的贡献，尤其是在住房和经济发展领域，并且会成为正在进行的振兴行动的一部分。那些行动应该是什么样子是本章余下部分的主题。

对收入低于全国中值的公民熟视无睹的国民经济、随之而来的市中心贫民区贫困程度的加剧、应对这两大问题的公共政策的软弱无力，这三重打击意味着邻里振兴计划在1968年后也是在困难重重的情况下运作的。20世纪60年代国内动乱平息后，人们对解决市中心贫民区问题的兴趣有所减弱，这增加了改善现状的难度。

我并不是说市中心贫民区问题彻底无人问津了。正如我们所注意到的，市中心贫民区的居民成为种族政治的话柄——里根竞选时讲述了"福利女王"的故事，老布什提及到了杀人犯威利·霍顿。

为什么民主党没有拿出有效的对策,这个问题不容易回答。其中有一种答法是,那要问如果罗伯特·肯尼迪还在世的话,会发生什么情况,因为他对市中心贫民区尤为关心(无论他是否已经当选为总统)。肯尼迪(及采用更传统的自由主义方式的休伯特·汉弗莱)代表民主党的城市和少数族裔阵营,尽管他对其他选区也有影响力。乔治·麦戈文尽管在解决饥饿问题上做得相当出色,但他更习惯于在郊区、环境好、重和谐、高度以过程为导向的选区工作。自肯尼迪被害身亡以及汉弗莱影响力下降以来,民主党开始远离其在城市的根脉。在权利平衡重新回归到郊区和阳光地带的情况下,这也许仅仅是人口统计资料所造成的假象,但是也许党内不同的政府官员应该会积极关注市中心贫民区的问题,而不会将这些问题留给右派的政治间谍加以利用。也许,罗伯特·肯尼迪是独一无二的。

企业振兴区和自主开发区

从20世纪70年代一直到20世纪80年代,全国各地常有社区振兴活动。在洛杉矶有美国瓦茨劳动社区行动委员会(Watts Labor Community Action Committee),在纽瓦克(Newark)有新社区公司(New Community Corporation),在芝加哥有伍德劳恩组织(Woodlawn Organization),之后还有斯蒂恩基金会(Steans Foundation)、巴尔的摩的詹姆斯·劳斯及圣地亚哥的普赖斯慈善机构(Price Charities)所开展的工作。在其他很多城市,还有许多其他活动。当时,这些活动为社区带来了不同凡响的变化,而今天,依然如此。

20世纪80年代后期,杰克·坎普(Jack Kemp)再次将这个问题引入到国家政策之中。这位活跃的前任组织指挥者是一个彻头彻尾的保守分子,他相信削减税收将会解决美国的所有问题,在共和党人之中,他对种族政治和种族本身显然抱有离经叛道的观点。通过唤起人们对罗伯特·肯尼迪和贝德福德-斯图文森,以及在保守派政府玛格丽特·撒切尔统治下大不列颠经验的记忆,坎普将他的减税信念运用到市中心贫困区,并且提出一项名为企业振兴区(英国的一种说法)的方案。肯尼迪——据我们所知,并不是传统的自由主义者——确实推出了提供税收优惠的立法,以便激励在市中心贫民区选址设立工厂(还有一个针对农村地区的配套法案)。坎普的想法可说是与肯尼迪一脉相承,但有一点却不同,肯尼迪的想法是一整套综合策略中的一部分,与纯粹通过减税刺激生产和投资的路径大相径庭。认为税收优惠政策本身就可以起到作用,这并不是一个好想法,但至少算得上是个想法。一些地方和一些州尝试着通过税收优惠来刺激萎靡不振的社区的住房和经济发展,但是通常由于缺少全方位的进路,故而成效不大。

比尔·克林顿的当选为这段故事增添了新的篇章——自主开发区(Empowerment Zones)。总统经济专家团队聘请了一位来自密歇根州的律师、法学教授保罗·迪蒙德(Paul Dimond),此人在自己的整个职业生涯中,对市中心贫民区振兴一直怀有兴趣,并且十分专注,他认为如果将直接联邦基金和对合作性地方规划过程的需要相结合,企业振兴区(从税收优惠层面来说)可以发挥作用。迪蒙德与可以接触到的所有人做过交谈,最终白宫将他的想法上呈给国会。

参议员比尔·布拉德利(Bill Bradley)和众议员查尔斯·兰格尔(Charles Rangel)采纳了这个想法,并于 1993 年 5 月形成法案。所发生的这件事是一个较为合适的例子,可以说明为什么人们说通过法案就像做香肠一样。那时,如同现在一样,并没有很多可用的资金,但是有很多国会议员都想分到一杯羹。所创造出来的资金听起来数额庞大——一笔 10 亿美元的投资,将使 104 个城市和农村社区能够得到可用资金,远远多于立法所创造的各种税收优惠的价值。

细则部分清楚地说明这 10 亿美元是在 10 年期间拨付,虽然——不同于许多其他项目——拨款都是一次性完成,这样就不会受到国会预算过程每年变动的影响。尽管确实原定要有 104 个社区接受拨款,但总共只有 9 个社区有所成就。这 9 个社区(6 个城市的,3 个农村的)可以被称为自主开发区。每个城市自主开发区将得到一亿美元拨款,每个农村社区获得3 000万美元拨款。其余95个社区,称之为企业开发区,每一个只能获得低于290万美元的拨款。即使是更大的城市圈所得资金实际上也少得可怜,除去税收优惠——算下来每年1 000万美元——法律规定,在每个城市,这笔钱必须分发给三个社区。[8]

我们自以为已经做到了以史为鉴。20世纪60年代的示范城市计划(Model Cities Program),一项通过全方位的路径应对低收入社区贫困问题的联邦策略,也遭遇到资金拨付面广而致所得额度过低的痛楚。当国会制定完示范城市计划后,加大了资金的覆盖面,将其拨付给将近200个社区。当时,在尼克松执政期间,州和地方官员对不带附加条件又无政绩考核的联邦资金的欲望一直占据主流,于是乎示范城市计划变成了社区发展一揽子拨款计划(Community Development Block Grants, CDBGs)。显然,多年以来,依据社区发展一揽子拨款计划下发的一些基金,为低收入社区提供了帮助,但是,因为允许各城市以多种不同方式使用资金,所以不可能知道具体有多少资金投入到了低收入社区,至少可以这么说,追踪资金去向的工作做得不够好。另一方面,如果示范城市计划以30个最高优先级的城市为扶持目标的话,那它在最初要颁布实施时就可能缺少政治上的支持。

布拉德利和兰格尔还做了另外一件事情。他们将立法结构化，使之成为《社会保障法案》第 20 号法令的一部分，正是这件事使我也加入进来。为什么？因为，作为第 20 号法令的一部分，这些资金将分拨到我所任职的卫生与公众服务部，而不会直接到达住房和城市发展部门以及农业部，这两个部门负责分发资金。布拉德利和兰格尔之所以动用第 20 号法令是因为，他们是参议院财政委员会和众议院筹款委员会的成员，这个法令是在他们的管辖权之内。

唐纳·沙拉拉是我在卫生与公众服务部的老板，是一位受过培训的城市规划专家。她告诉白宫，如果对如何使用资金没有任何话语权，她就不能依法负责管理这笔资金，于是让我负责代表卫生部参与这件事情。一个五路操控的委员会成立起来，其中有白宫和副总统办公室(克林顿总统选派副总统阿尔·戈尔来负责监督这个项目)和上述三个部门的代表。

认识到法令并不是我们想怎么写就怎么写，资金的提供也没有它应有的那样多之后，我们全身心地投入到工作之中。我们写了一份我们认为是非常好的意向征求书，要求采用协作和参与式的规划过程，在某些地区创建能够带来长久裨益的当地机构——即使是在一些未得到资金的地区。我们需要显示出州和地方的资金投入数量和来源，在一些城市，对此作出的响应令人印象深刻——比如，在纽约市有 2 亿美元(1 亿美元来自所在州，1 亿美元来自纽约市)。

这一项目产生了一些好的结果,尤其是在纽约市和费城。我的侄女黛博拉·莱特(Deborah Wright)负责纽约哈莱姆区项目的部分工作,在住房和经济发展方面取得了一些实实在在的成就。我问她在哈莱姆的4年,即从1996至1999年,纽约自主开发区所取得的三大成就是什么。她列出的是:开发了一套综合全面的商业计划,该计划通过投资已经蓬勃发展的纽约市但却不是在哈莱姆区的行业(旅游、商业服务和教育)来创造就业机会;对占地285 000平方英尺的零售和娱乐综合体“美国哈莱姆”(Harlem USA)的刺激性投资,得到了一家魔术师约翰逊(Magic Johnson)剧院的支持,这是几十年里第一个意义非凡的零售业开发项目;还有特别以文化机构为目标的拥有2 500万美元的联合投资基金的创建。

黛博拉认为这项工作规模宏大,足以对邻里效应产生一些提振作用,尤其是因为州政府和市政府额外注入了资金。在哈莱姆区,确实在相当大程度上实现了下层住宅的高档化,并由此带来了一些改变。中等收入者的大量涌入对商业投资很有帮助,但低收入人群也从中有所受益。新开业的帕斯马克(Pathmark)超市将全国各地的竞争价格带进了这一地区,正像其他新企业所做的一样,帕斯马克商店成为整个链条上最盈利的部分。入驻美国哈莱姆的各家商铺,以及帕斯马克和尾随而至的其他商店,雇用了大量的在其他市中心贫民区可能运气不好的年轻工人。社区的生活质量得到全面改善。这些互动结果正是我们从社区振兴计划中所希望看到的。显而易见,自主开发区并不是完全凭借其自身的力量使这些美好的事情发生,但是它起到了非常重大的助推作用。

费城市长艾德·伦德尔(Ed Rendell)(后来成为宾夕法尼亚州州长)在3个费城社区采取了一项将经济发展和社会服务相结合的策略。自主开发区为139家企业提供了223项贷款业务,吸引了460家新企业,募集到1亿多美元的私人投资,为开发区居民创造了2 000多个就业岗位。城市景观项目建造了5个社区服务设施,包括埃尔斯·吉布森社区教育和网球中心(Althea Gibson Community Education and Tennis Center),并且运走了22吨垃圾。开发区的12项住房计划使304个家庭重获家园。

另一方面,亚特兰大市长比尔·坎布尔(Bill Campbell)(后因逃税入狱)耗费了大量资金,却未见到什么成果,还有芝加哥市长理查德·戴利(Richard Daley)在资金分配时采用了高度政治化的方式,因此其最终的表现亦是少有建树。

如若能有机会得到进一步发展,也许自主开发区项目可能会成熟起来,变为一件令人感兴趣的事情,在哈莱姆发生的一切就是一例,足以说明这一点。但是金里奇革命并不支持自主开发区的建设。1998 年拨付的第二轮资金使冠以自主开发区名称的社区有所增加,但与之前相比数额不太多,而 2001 年的第三轮只授予税收优惠资格。最后一轮的税收优惠原本应该在 2009 年到期,但由于反衰退措施的影响,延至 2011 年年底。克林顿总统在第二届任期接近尾声时颁布了其他促进经济发展的税收优惠法案,但是,并不令人惊讶的是,在小布什时期,很少看到在这一方面有什么新举动。

未来是什么样子?

什么将会对集中贫困的治理产生重大影响? 是炙热的经济。从各个方面来看,强劲的经济是我们抗击贫困最强有力的武器,即使它对富人的帮助多于穷人。当经济出现炙热时,就会有更多的就业岗位,而且这些岗位的工资也会多一些。在 20 世纪 90 年代后半期,我们出现过炙热的经济,对市中心贫民区居民的生活确实产生了积极的影响:失业率下降,工作所得收入增加。1986 年、1990 年、1993 年通过立法使所得税减免幅度有较大增加,这立即成为单身母亲外出工作的动力,同时增加了那些已经有低薪工作的人们的收入。

当一个社区中有更多的人在工作的时候,这个社区将会成为一个更加健康的社区。在 20 世纪 90 年代我们看到了一些这样的证据。不过,问题仍旧存在——糟糕的学校、铅中毒和有毒废物排放等环境正义问题、比城市其他地方都要高的犯罪率。但是,20 世纪 90 年代后期,经济阳光的短暂普照告诉我们两件事情:(1)如果有更好的收入结构,就会有更好的社区;(2)即使是在应对看似棘手难搞的问题方面,关乎贫困的趋势并不一直都是很糟或者越来越糟。贫困率于 20 世纪 90 年代末骤降,那些受到过他人的诋毁和成见所困扰的人最终证明他们是非常乐意而且能够工作的。

在一个社区中形成更好的收入结构的方法有两种。其一是让那些已经生活在社区中的人有更多的工作和更高的收入。其二是让高收入人群迁入。后一种方法一般只适用于有着核心价值同一性的健康城市,但无论如何,这样有风险。让谁搬进来?他们想成为已经居住在那个社区里的人们的一部分吗?那样的话就太好了。或者,他们更愿意让那些已经居住在那儿的人消失吗?换句话说,社区的改善效果每况愈下。炙热的经济有下滑的趋势,并在房产泡沫形成过程中一直持续着:在太多的实例中,社区的高档化最终将穷人排挤了出去。

尽管如此,对城市集中贫困问题的解决办法,还是有了一些新的思考,尽管面临着贫困社区改造带来的挑战,这种新思考开始影响公共政策和公民行动。联邦政府为分散建造公共住房提供资金支持,在这一举措的推动下,新一代的开发商在一些低收入社区推出了高低收入者混合居住式住房,适合不同收入水平的人们聚居于同一社区。非营利儿童关爱机构哈莱姆儿童特区和其他新创学校机构提供了新的教育举措,将优秀学校与各种服务结合起来,解决与这些儿童服务对象普遍贫困相关的问题。最后,还有一些新的计划,帮助内城居民获得和保住在区域经济中的工作岗位。

与此同时,承认城市贫困社区改造所造成的重大影响——在很大程度上,对穷人来说是消极的影响,我这么认为——是非常重要的。无论是好是坏,在一些城市中,这算是郊区化和去城市化以来住宅模式产生的最大变化。虽然有底特律和凤凰城等一些主要的例外情况(由于完全不同的原因),人们还是重新发现城市中心区是特别吸引人居住的地方。年轻的单身人士和夫妻们,尤其是孩子在学龄前时,还有处于空巢期的婴儿潮出生的一代人用脚投票(至少在经济衰退来临之前),迁入或返回城市中心区的住址。

从很多方面来看,这都是求之不得的。市长们喜欢看到自己管辖区的征税基数和对市政服务没有过高需要的居民人口在增加。一个充满活力的市中心区对商业来说是极好的,尤其是对娱乐业而言。处处生机盎然,干劲冲天,也是极好的。但是,当搬入的社区主要是穷人的时候,事情就变得更加复杂了,在很多城市发生过这种情形。在低收入社区,几乎一夜之间就发生了翻天覆地的变化,因为从这里很容易进入市中心商业区,这些社区还有条件很好的存量住宅,又毗邻高收入人群聚居区。通常,现有居民发现自己负担不起飞涨的租金和财产税,因而被迫迁出现居所。

一些年长的居民则(在房价暴跌之前)幸运地选择出售房屋,返回美国南部定居。不过,其他很多人分散开来后,不知去向,经常是搬入了环境不如他们以前住所的地方。对那些被从社区中排挤出来、最终定居在近郊的人们(以及新的移民)来说,在更为缺少应对交通和其他必要服务以及社区发展策略的能力的地方,会出现由集中贫困引起的新挑战。一些城市使用短路开关式政策,使针对低收入房主所征财产税的增加速度放缓,以帮助他们待在原住地。但是总的来说,市场的大潮很难遏制,完全与有没有这样做的政治意愿不相关。

总的来说,贫困社区的改造不是一件纯粹的好或坏的事情,而是一个城市要解决的现实问题。为了使被逐出家园者的人数最少化,为了维持社会结构的合理性,政策制定者们有责任对其进行管理。在一些城市,它已经改变了有关集中贫困问题的竞争环境,至少在那些对高收入人群有吸引力的社区是如此。

这里的战略重点是什么?我的观点一直是,只有在无人因法律条文规定或者各种各样的社会现实和力量所胁迫而被发落到城市的某个特定区域生活时,我们的社会才算是发挥出最佳的功能。本章中的观点是以“真正拥有选择权”这一理念为前提条件的。这意味着促进城市框架中贫困分散化的政策和强化内城贫困社区的政策,都要使人们想搬就能够搬出社区,也要为那些更想留在原地的人们建设一个更强大的社区。

住房:第六希望计划的经验

如果说城市旧区改造是改变集中贫困面貌的一个趋势,那么另外一个就是内城贫困区公共住房的拆迁和随之而来的对其居民的疏散。这是在1992年颁布的《全民拥有住房和机会法案》(*Homeownership and Opportunities for People Everywhere Act*,*HOPE VI*,又称为第六希望计划)之下已经发生的事情。第六希望计划的初衷是淘汰不合人意的公共住房,在不减少低收入人群住房供应的同时,以混合收入住房的开发取而代之。但实际情况是,第六希望计划已经大大削减了全国公共住房的数量,并对大量租户实行强行搬迁(尽管这对大多数地方市中心区贫困状况的总体水平并无多大影响)。[9]

其数目是相当的庞大,对保障性住房的存量产生了重大的影响。美国住房和城市发展部已经给大约250个第六希望计划公共住房振兴项目发放了补助款,最终致使近10万套公共住房得到拆迁,7万多户家庭得到重新安置。

开发出的新房和改造房约有 111 000 套,其中包括 53 000 套公共住房。总之,公共住房总存量从 1995 年的 133 万套下降了大约 12%。[10]下降幅度很大。然而,重要的是要记住,得到重新安置的家庭总数仅仅占市中心区贫困人口的极微小的一部分。

那么,我们应如何看待第六希望计划?对此问题出现了意见分歧,甚至是在自由主义者之间。

一方面,住房和城市发展部前高级官员和备受敬重的住房和城市政策专家布鲁斯·卡茨(Bruce Katz)说:"第六希望计划是过去半个世纪以来最成功的城市再开发计划之一。"[11] 另一方面,全国低收入住房联盟(National Low-Income Housing Coalition)总裁兼首席执行官希拉·克罗利(Sheila Crowley)称之为"对全国性计划如何会严重失控的一个案例研究"。[12]

克罗利和其他人指出,在可负担得起的住房的供给稳步下降、市内租金飞涨之时,美国公共住房的存量减少了 12%。许多低收入群体无论愿意与否都被迫搬迁。遭拆除的住房由开发出的多种收入阶层混合聚居的住房所取代,其中供低收入人群居住的住房数量远低于取缔它们的项目所提供的。在某些情况下,第六希望计划相当于联邦政府为开发商和旧区改造者抢地盘提供补助。

相比之下,第六希望计划的拥护者强调被拆除的住房项目的糟糕状况,芝加哥的卡布里尼-格林住宅区就是一个典型的例子。他们还引用不同收入阶层混合居住的住宅项目作为例子,这种混合式住宅项目不仅是成功的,而且在一些情况下降低了其周围社区的贫困率。芝加哥公益律师亚历山大·波利科夫(Alexander Polikoff)列举出亚特兰大、巴尔的摩、夏洛特(Charlotte)、密尔沃基(Milwaukee)、克利夫兰(Cleveland)和旧金山等城市为例,在这些城市中,有第六希望计划资助开发的住宅项目入驻的社区都有贫困率随后减少10%甚至更多的效果。

争论双方的核心差异存在于双方之间激烈的辩论之中,一方认为第六希望计划是在毁坏社区——它们可能造成社区的动荡不安——并在减少急需的公共住房存量,而另一方则将其视为是在帮助人们逃脱集中贫困的摧残。第六希望计划的批评者看到的是,对居民所进行的非自愿性重新安置无异于半个世纪以前饱受诟病的城市复兴政策。支持人士视重新安置工作为实现更美好生活的路径,同时还是废除种族和经济隔离的途径。他们强调,之前的大部分居民并不希望回到社区中,并且很高兴得到住房券,这可以让他们(虽然不是没有困难)能够搬迁到更为满意的社区中。

到底谁是对的?被拆除的大部分公共住房本来就不适宜居住或者已经变得不适宜居住。但是,至少在事后看来,似乎在支持服务上的更大投资本可以帮助人们找到更多合适的住房,更好地适应新环境,过上更为令人满意的生活。我心里是支持贫困分散化的。我们知道两方面都有问题。至少,大规模的分散化是一项艰巨的任务。但是我相信,随着分散化战略的实施,我们有更好的机会相对更快地打破贫困集中效应的恶性循环。尤其是对不在市中心商业区附近的内城贫困社区,我认为吸引迁入人口的可能性很小。而且尽管我对内城居民改善教育和就业的结果抱有更高的希望,但我还是认为成功应对贫困集中化所带来的后果是非常困难的。

但是,我们不应该草草下决断。可能需要经过一代或者更多代人之后,才能见证第六希望计划的真正结果。但我始终相信,如果做的方法得当,这是一条更可取之路,尽管以社区为基础的战略也得继续执行。

作为组织原则的教育

回溯到罗伯特·肯尼迪执政时期,处理高度贫困社区问题的"黄金标准"几十年来都是从整体解决。对贝德福德-斯图文森社区和当时其他社区的深刻认识是,这些问题不能逐一解决,因为事事都是环环相扣的。问题是,实践证明,让一个组织努力去做好所有的事情几乎是不可能的。全面了解不同的专业领域、不同的支助资金来源和不同的官僚机构(仅举几项)的必要性形成了巨大的障碍。

因此社区发展公司和其他跨领域实体往往专注于经济发展和住房问题,有时还涉及卫生保健和儿童早期发育等问题,但是却回避了诸如教育等事情。学校系统的治理和管理机构往往位于市中心商业区并且难以洞察。到处在试行社区控制,最为显著的是在纽约市,但没有坚持下去。在内城平民区有几家非传统学校,但是很难得到资金投入,这些学校大多数都未幸存下来。

杰弗里·卡纳达(Geoffrey Canada)具体地表达了教育是一个重要支柱的理念,它为更广泛地帮助儿童和家庭的活动,其中包括早期儿童发展、针对新父母的育儿教育学习班以及课后的丰富活动,提供有力的支持。由卡纳达创立的哈莱姆儿童特区,经过多年的尝试,业已成为一个多维度的儿童教育示范基地。在早期,他的工作主要侧重于课后时间——为课后活动提供校舍,作为纽约市的灯塔学校计划的一部分,该计划将全市的学校对非营利机构开放。

随着这一努力取得一定进展,卡纳达意识到在将工作规模扩大到哈莱姆区更多的地方以及更广泛的年龄范围时可能会引起谐振,包括年轻父母及其子女两代人共同参与的项目。最后的看法是,如果孩子所上的学校未能给予他们令人满意的教育,那么他所做的一切都将化为乌有。对年轻人来说,走出内城贫困区的方法就是能引领他们进入大学或者走向劳动力市场的良好教育。

哈莱姆儿童特区的核心是该机构的特许学校。最近的一项评估赞扬了特区工作的多维度设计,但是得出的结论是：取得成功的关键在于学校。这可能看似显而易见，但是致力于内城贫困社区振兴工作的人们花了很长时间才明白这一点：良好的学校教育必须是治贫策略的基本要素。

为什么现在才产生这种认识？原因之一是特许学校的出现，使得在低收入社区创建数目可观的独立性公立学校成为可能。在此之前，公立学校在大多数地方只是大一统的全市系统的一部分，几乎无法彻底改变。如果没有创建特许学校的可能性，很难看到这个特区可以设计成以学校为其关注的重点。尽管如此，应该说，公立学校系统，无论是否受到特许学校竞争的推动，近年来都变得更愿意服从于安排，可以反映出它们对家长和社区均敏感的价值观念做出了更大承诺。不过，特许学校并不是灵丹妙药。其工作是让所有的公立学校都成为追求卓越的典范。诚然，特许学校存在很多问题，但是若得到适当的监督，它们应该成为公共教育改革战略的一部分。对哈莱姆儿童特区来说，特许学校是一个很关键的组成部分。

哈莱姆儿童特区不是唯一的一个以教育为中心的内城贫困区改造计划。早些时候我提到过巴尔的摩市的沙城区。我这里要探讨的是传统的公立学校。20 世纪 90 年代末期，当我去沙城区的时候，那里对学校的重视给我留下尤为深刻的印象。在我撰写这本书时，我有幸有机会拜见蒂娜·海客-哈巴德(Tina Hike-Hubbard)，她从

1997年以来一直致力于社区的教育工作,现在担任公益组织企业社区合作伙伴(Enterprise Community Partners)的教育主任,巴尔的摩市学校监事会(Baltimore City Board of School Commissioners)委员。海克-哈巴德基于自己的亲身经历可以向我讲述事情的发展过程。

沙城项目本身——作为处理沙城生活各方面问题的一项全方位努力——已不复存在。詹姆斯·劳斯创建的"恩特普赖斯"(Enterprise)组织在提供买得起的住房及其相关的社区发展方面做得最好。为了推动邻里改造计划的实施,它创建了非营利组织——社区建设合伙企业(Community Building in Partnership),但该组织从未能以一个社区机构的形式固定下来,并且于2008年破产。也许部分是因为社区建设合伙企业所做贡献遗留下来的影响,在社区里还有其他活跃的参与者,尤其是新圣歌教堂(New Song Church)。

恩特普赖斯一直积极地参与住房建设和教育活动,其住房建设工作非常成功。虽然社区整体上的经济状况并没有太大的改变,但是由恩特普赖斯和其他组织新建或者翻修的住房比较稳定,购房者和租房者在这里定居下来,衰退期间的止赎率也很低。20世纪90年代初期,恩特普赖斯建造了600套房屋。那些被出售的房屋售价为58 500美元,首次抵押贷款额为39 000美元。后来这被称为工薪阶层住房——必须有一份工作来获得抵押贷款。

购房者一般有 30 000 到 40 000 美元的收入,主要为想留在社区的那些人。在过去的 20 年里,只有 15%的房屋卖给了非社区里面的人。历经多年,业主已经建好了地下室,美化了前后院。他们所居住的街区稳定、宜居。这些人住在自己想要居住的地方,这很好。该社区没有翻天覆地的改变,但对一些居民来说,这里的生活变得更好了。

建设住房工作非常重要,但是投身教育工作更是意趣盎然,因为这项工作一旦启动,就是一件真正开辟先河的事情。同时蒂娜·海克-哈伯德如今是该市学校理事会成员这一事实本身就很说明问题。

过去十几年里发生的故事不仅与学校本身有关,也与一些非常重要的辅助活动有关。1999 年我来访问时,这项工作仅仅在小学开展。西尔维娅·彼得斯(Sylvia Peters)是一位极具魅力的女性,当时她是蒂娜·海克-哈伯德的老板。她和她的同事们无法做通附近中学的工作。得不到这些中学的支持,他们在小学所取得的成绩就将被摧毁,这让她感到沮丧。

多年来,当地的这所学校变成为一个 K-8 学校(美国的一种采用八年学制的学校,由典型的小学与初中所组成),所以恩特普赖斯的工作人员能够一直参与社区学校一至八年级的各项活动(如今中学在全市范围内正在被逐步淘汰)。在我撰写这本书时,巴尔的摩有一位广受赞誉的负责人,安德烈斯·阿隆索(Andres Alonso),故而全市的发展前景非常好。尽管如此,海克-哈伯德说,平德休斯(Pinderhughes)中学的盛衰,与学校大楼内发生的实际情况有更多的关系,尤其是那些曾经就职于此的各个校长。当我和她交谈的时候,她说有另外一个转变正在酝酿中,"我们需要让它发挥作用"。

有一个出身名门的负责人,他就职于一家与富贵显要人士来往密切的组织,而该组织又对为低收入儿童服务的公立学校怀有特殊兴趣,这本身就是一个好故事,但是要说的远不止这些。

首先,恩特普赖斯有一个"嬉皮"(HIPPY)家访计划。"嬉皮"即学龄前儿童家庭辅导(Home Instruction for Parents of Preschool Youngsters),创立于以色列,由时任阿肯色州州长的比尔·克林顿首次引入美国。在沙城,恩特普赖斯让100户有3～5岁儿童的家庭参与了该计划。他们走访孩子的父母和祖父母,同时带去27本书,交由父母读给孩子听。他们向父母传授与安全、营养,以及家长会关心的任何主题有关的知识。40%的父母都正处青年时期,但是有一些岁数较大,接近40岁。所有的儿童都通过了州立学校入学准备测试,这是一个显著的成就。

第二,有一个社区资源中心,坐落于这所学校中。如今在市区范围内有19个这样的中心,每个学校配有一位全职工作人员。该工作人员负责给孩子准备好水杯,帮助家长做好工作和职业培训,参与普通教育发展计划,以及安排家长研习班相关事宜。

第三，还有恩特普赖斯妇女联合会(Enterprise Women's Network)，负责辅导三到八年级7～14岁的女孩。他们做实地考察，办教育工作坊，到市区外旅行，领略绿色空间。有40个女性加入该组织——一个非常多元化的群体，其中有年轻人和老年人，有黑人也有白人。

圣地亚哥的高地城计划(City Heights Initiative)是教育成为主要关注点的另一个例子，始于1994年。那里的普莱斯慈善机构(Price Charities)最初关注的是基础设施和商业开发。该计划以建筑工程开始：购物中心和社区友好型的警察分局，其中还设有向公众开放的娱乐中心。由于当地一家西夫韦(Safeway)连锁超市的关闭，该地区已经成为食物的荒漠。购物中心带来了新的杂货店和许多其他价格上具有全国竞争力的商店。开发工作继续进行，包括住房、办公中心、社区卫生中心、图书馆、三所小学，以及一家继续教育机构——全部落成后，将强化社区意识。警察分局和购物中心分别位于街道的两边，相对而立。公开吸毒和公开卖淫现象已经销声匿迹。

第二阶段关注的是与非营利组织的合作。普莱斯慈善机构为自己办公使用而建造的六层办公中心已变成了卫生保健和社会服务机构的所在地。拉马埃斯特拉诊所(La Maestra Clinic)，作为社区中最主要的医疗服务机构，从一间小房搬至由普莱斯慈善和其他合作伙伴筹建的新楼房中。泰德·帕仁(Tad Parzen)是办公室坐落于高地城的普莱斯慈善机构的执行副总裁,他说除了没有平板电视和热带鱼,这个诊所和他女儿所去的儿科诊所一模一样。

普莱斯慈善机构的作用已经从一个主要的资助者转变成一个倡导者、催化剂、交易撮合人、召集者,同时依旧是资助者。目前的项目是全新的四层高的多用途大厦,将有沃尔格林(Walgreens)药店、一家餐厅和公寓入驻。同时更多的学校正在建设中。普莱斯集团并没有全权资助这些项目。还有许多其他的包括政府的和民间的资助者,但是普莱斯的领导和杠杆投资至关重要。

自始至终,教育都备受关注。在生理发育方面,教育从一开始就是优先考虑的事,但是如今也重点强调人力资本的提升。简而言之,教育是现在的一个主要目标。当父母在高地城开始工作的时候,这里的学校很差,所以孩子们都被父母送到全城各处的其他学校。现如今,一平方英里以内就有11所学校。普莱斯慈善机构还参与到提高学术水平、校内医疗和其他社会工作中。如今该集团90%的活动是以学校为基础展开的,尽管从战略上来说,帕仁说道,他们认为,这项工作并不是狭义地只关注教育而是要更广泛地参与社区建设。

帕仁说,令他最有挫折感的一件事是,他们未能让人们在经济状况得到改善后继续居住在社区里。一方面,社区在晚上仍旧不安全，2010 年，在一所学校附近，在光天化日之下，一连发生了三起凶杀案。公共安全依旧是一大挑战。

对这三个与教育有关的故事，我想添加一个友好的修正案。我们有必要在任何我们可以做到的地方继续努力废除种族隔离。这不是一个法律问题。几乎不存在能够轻易被发现、蓄意策划的种族歧视行为的实例。甚至随意计划的可能性也因为受 2007 年最高法院针对西雅图和路易斯维尔市出现的这类计划所做决定的影响而被大幅度减少。另外，在很多地方，城市的布局便是种族隔离的大敌。也就是说，尤其是在中型城市，特许学校和具有吸引力的学校至少能够产生些许废止种族歧视的绿洲。我们应该在任何我们可以做到的地方继续努力建造这样的绿洲。

哈莱姆儿童特区、沙城区和高地城的故事是专注于教育并将其作为抗击集中贫困措施的关键部分的多层面社区发展计划的好例子。其他计划没有充分涉及教育领域，但是所有这些计划不仅由市民和慈善组织共同领导，而且其资金也由私人和公共资源共同提供。最后还要创建一个将提供重大资源来解决集中贫困问题的联邦计划，但这仍是一个尚未实现、也许不切实际的愿望。与此同时，创建出我们现有的这些模式的那种地方领导力一直被作为宝贵的财富而被人重视。

区域经济中的工作机会

20世纪90年代中期,安妮·E.凯西基金会(Annie E. Casey Foundation)开始实行一个方案,其主要目的是使当地区域经济中的工作岗位雇用内城贫困区的居民。这项努力始于6个地方:丹佛、密尔沃基、新奥尔良、费城、圣路易斯和西雅图,尽管在新奥尔良很快就半途而废了。该方案的参与者激增,包括约200个基金会,连同公共基金会一起,为全国各地21个地方提供支持,所有这些基金会都是现在称为全国劳动力解决方案基金(National Fund for Workforce Solutions)的一部分。总的来说,地方所作出的努力是具体到某一部门的合作,参与合作方有诸如在医疗保健、技术和建筑等领域的雇主和工会。合作组织包括提供必要培训的公司以及在培训、人员配置和人事任用过程中确定可能被雇用的人和提供指导的社区组织。他们起了一定的影响,但是,就像在其他领域一样,所取得的成就更多地是以那些干得越来越好的人的数量来衡量,而不是以整体就业及贫困数据中可观察到的变化。在当前削减公共预算的潮流中,这项工作的许多方面都呈现出岌岌可危的迹象。

凯西项目以及随后的全国劳动力解决基金会代表的是值得拨付更多公共资金进行广泛复制的一种路径:为内城贫困区居民提供可以接受培训、在区域经济体中找到并且守住工作岗位的重要机会。在内城贫困社区中，至少在那些和社区有长期联系的居民中，存在社区价值观。为内城贫困社区提供更好的学校教育，连同在大城市城区可上岗的工作岗位，为这些社区中产生变革性结果提供了可能性。

未来的战略

研究者、实践者、决策者，最重要的是，当地居民们，仍在激烈地争论内城贫困区政策的正确方向。尽管如此，在为数相当多的人（包括我）正在形成一种观念，即最好的方法应该是既务实又全面的：内城贫困区的振兴是很重要，但是它必须是更大的地区发展战略的一个组成部分。我们的目标应该是使得人们在大都市中无论想住在哪里就能够住在哪里，并且在那里能够找到工作，与此同时，提高他们现在所居社区的宜居性。最关键的一点是，人们应该有真正的选择权，而创造真正的选择权意味着同时实行多个政策和策略，这属于战略范畴。向前走必定需要的是一个长远的计划。

对选择权的争议不仅这一方面。要在特定地区内形成可以自主选择居住地的态势，就需要增强执法力度，禁止与此相关的一切形式的歧视。少数族裔在搬迁至郊区的时候仍然发现自己被安排到同民族或者同种族社区中。

房产经纪人有意或无意中建议说,人们在寻找新家住址时,选择与同种族或同民族或同阶层的人住在一起会更舒适。在信贷市场上的歧视现象亦是十分猖獗,信誉很好的少数族裔仍是经常被列入次级贷款的行列。在郊区,少数族裔遇到的学区划分政策最后也是将他们划分到同种族同民族的学校。

让人们有可能继续住在内城贫困区他们现在的居所,这一问题引起人们的另一种担忧。这些人很可能依旧是居住于同民族社区。我不相信种族隔离将永久存在,即使是严格意义上的而不是国家强制的隔离。我们首选的应该是促进在大都市区废除种族隔离的政策。但是如果采取强硬的措施来帮助人们改善他们的个人经济状况以及他们周边的邻里社区的话,将使得他们在想搬出去的时候有必要的资金准备;如果他们留下来,继续住在变得更舒适的社区,那得是他们自己的选择。

如果人们要有选择住在哪里的自由——除了有必要实施更强硬的反歧视法律之外——就需要在公共住房和经济适用房领域制定加大住房供给的政策。这也意味着相关投资的增加,联邦政府在用于补贴房租、让人们可以选择住在哪里的住房选择代金券上应加大融资力度,并通过各种社会服务使其更为丰富,这样,人们既可以在城市中使用,也可以更为有效地在郊区使用这些住房代金券。

人们对分散内城贫困人口政策的效果进行了认真的

论辩。对以往各种努力的研究显示出混杂的结果。不过,中心城区少数族裔几十年以来一直在寻找住进如今多民族多种族混居的近郊区的途径。有时是在政府的帮助下,通过诉讼来废除公共住房上的种族隔离,有时是借助国会立项所提供的资金。其结果远非尽善尽美,部分原因是上述政策的失败。但是,如果我们采取必要的措施去鼓励、资助他们的选择,并在其他方面为他们的选择提供便利条件的话,低收入人群还是可以取得成功并让他们的孩子在新的环境中过上更好的生活,这是很有现实意义的。我们需要做的是对解决大都市地区住房选择权问题的更广阔路径进行战略性思考。另一方面是与那些宁愿继续住在内城贫困区的人们相关的一系列问题。在这里我看到六个方面采取的行动。从运营上来说,这些想法有两个战略目的:为那些想搬出社区但目前没有能力搬出去的人建造一个更强大的平台,以及为那些选择继续住在内城贫困区的居民加强社区建设。

关键的一个目标是需要有一个让每个人都能赚到生活收入的战略,同时要使收入尽可能多的来自工作。这是可以全面应用的补救措施,但是它在那些想要留在内城贫困区的人的心里引起特殊的共鸣。提高他们的收入将会对社区的生活质量产生重大的影响。诸如最低工资、健康保险、收费低廉的儿童托保服务、卓越的公共教育、住房和上大学费用的资助,以及稳妥的安全网等政策对整个社会来说至关重要,但是他们对解决集中贫困这一难题有着特殊的现实意义。

第二个要素是尽一切可能帮助内城贫困区居民在区域经济中找到并保住工作。这意味着在雇主、学校、大学和以社区为基础的组织中形成一个具体到部门的合作关系,以帮助各种年龄段的人们为那些在未来几年里最好找到的工作做好准备(当然,总体上对社区教育来说是一个挑战)。这还意味着应该特别关注交通问题,无论是公共交通或者小汽车,使得内城居民无论把家安在哪里都可以乘车上班。当然,所有这些可以处理得很好,也可能处理得很糟糕。雇主可能会出于私心扭曲工作培训项目,自营学校可能会滥用公共资金。适当的监督一定要成为这些必须考虑的影响因素中的一部分。

在未来的几年里,中等技术水平的工作岗位可以提供相应的保证,而且随着婴儿潮一代的退休,有一种可能性也将会给我们提供收入保证,即绿色工作岗位可能成为现实的工作来源。如果要让这些机会惠及每一个人,就需要使可以促成这一切发生的具体机制及时到位。应该将通向这一目标的路径的起始匝道设于高中和社区大学——还可以通过类似青年建造(Youth Build)这样的非营利组织——因为这些机构可以帮助那些已经脱离学校又没有工作的年轻人,给他们提供进入劳动力市场或继续深造所需的教育、培训及个人发展支持。

第三个关键因素是宜居社区。街道应有良好的照明设施,公园和游乐场应位于交通便利的地方且有吸引力,执法要公平、有效。每个其他社区的人们都享有的零售商店、电影院、公园、游乐场,也应该为低收入社区的人们开设。显而易见,为了促进这些场所的有效经营,又让社区居民受益,核心问题是居民们必须有一定的收入来支持社区的经济活动。同时还应该有高质量的医疗保健和儿童保育设施。

第四点是,社区学校应有较高的质量,办学质量应是城市和扶贫综合战略的一部分,而不是单独孤立存在的。学校系统以及教育创新者应该使得内城贫困者聚居区成为创新型高质量学校的首选之地,让特许学校成为增加极度贫困社区的孩子们获得受教育机会——尽可能消除种族隔离——的战略的有益组成部分。在低收入社区或其附近开设深受欢迎的学校,是吸引不同种族和收入背景的人混居、令大家均受益的一种战略。改善学校与改善社区齐头并进。

奥巴马总统在他的竞选中曾承诺,要通过他称之为希望邻里(Promise Neighborhoods)的计划,在全国各地兴办哈莱姆儿童特区。为此,在他执政的第一年里,全年拨付 20 项规划资助款,随后在运营的第二年中又有适度的扩增。该项规划资助款的申请总数很可观,但是扩增的步伐与当前的政治形势产生了冲突。

尽管如此,希望邻里计划代表着历经太长时间后得以形成的一种认识,这就是,任何从地方角度出发解决集中贫困问题的战略必须重视社区孩子们的教育。与此同时,要明白希望邻里的理念只在非常有限的地方提供新的思路,这是非常重要的。为所有的低收入儿童——尤其是那些生活在低收入社区的儿童——改善教育的总体战略是实现大规模转变的更大可能性的一种路径。

第五,努力吸引高收入人群非常重要,但是这对希望继续居住在自己社区的现有居民来说是有一定风险的。应该大力推进贫困社区的升级改造,尽管要小心谨慎而为之,但不是阻碍。吸引那些有助于维系多种收入者混居社区的人们来社区定居,最终可以提高所有社区居民的生活质量。但是反强行拆迁的政策必不可缺。在购买房东或开发商想要转换成私有产权房的公寓大楼时,租户应该有优先购买权。应该给予房主有征收上限的地产税款减免,这样他们就不会再因天价房地产税而被迫出售房屋。包容性分区需要开发商建造出多层次的新住宅,并合理规划出一部分让低收入者可以买得起的住房,供他们认购,这样做可能对解决集中贫困问题有所帮助。在开发和改造经济适用房工程中投入的公共基金必须根据有关的战略规划有效地使用其资源,保证公平地将该工程中一定比例的住房建在内城贫困区,尤其是建在这项投资将会有助于改善收入结构的地方。

对于存在持久且代际传递的贫困问题的偏僻社区，吸引有较高收入的新居民入住更加困难。但是即使是在这些社区，有吸引力的低价新住宅，在经济形势较好时，也可能吸引中等收入人群前来安家落户。当然，社区还必须安全，有好学校，以及公园、娱乐场所和其他配套设施。

第六点也是最后一点，明确地表示对一直以来与集中贫困密切关联的行为模式——对教育价值的诋毁、犯罪、未婚生育等——的关注是十分重要的。说来遗憾的是，他们的贫困已经根深蒂固，实际上，是代代相传的。结构框架以及持续的种族主义和种族歧视问题必须得到解决，但是个人和父母的责任问题也亟待解决。我们需要做的很多事情应该在社区、在事发地当场解决，要将其作为公民行动来进行。

应对城市集中贫困的联邦政策的重要前提是：必要的改变必须是全面的，必须在总统的领导下进行，还必须有必要的立法，让负责这项任务的某个相关方面的每个部门和机构都参与进来。州和地方政府同样如此。表面看来，过去的总体战略基本上使主要参与者摆脱困境。林登·约翰逊的“模范城市”和比尔·克林顿的“自主开发区”确实如此。有必要将任务划分成不同部分，但是要彼此相互关联，以实现综合效应的最大化。没有哪一个项目可以完成需要做的所有事情。

人们必须关注教育问题，让学校成功运转，这还包括与卫生保健设施、儿童保健、课外辅导和其他社会服务机构同址和毗邻。交通部门需要设计新一代的系统，不仅为郊区进城上班的通勤者服务，而且也要为前往郊区的城市居民服务。住房政策需要是地方性的，并以社区为基础。能源政策必须是建造"智能电网"，增加内城贫困区和其他地方的绿色工作岗位。环境保护不要在内城贫困社区之外戛然而止。需要动用联邦政策和资金拨付为需要做的很多事情提供融资。我们应该针对我们所知的集中贫困问题有所行动。贫困地区，尽管有外部提供的资金，可以通过区内的努力得到整治，贝德福德-斯图文森和其他社区的振兴计划就是基于这样的前提加以实施的。没有可以孤立发挥作用的社区振兴政策这样的事情。在 21 世纪，我们必须利用在区域范围内适用的政策来痛击集中贫困问题，同时该政策还要有利于在那里住着的现有居民。肯尼迪在 1966 年的演讲三部曲中，即使在某些细节上不够准确，在大体框架上对问题的把握还是非常正确的。在最后一场演讲结束的时候，他说："我们还只是处在开始思考为所有人创造机会这一过程的开始。"[13] 我们现在对这些细节知道得更多了。在这个国家，没有人应该是被确切地称为"被遗弃者"的任何群体的一分子。

第七章
年轻人：增加机会

正如一些读者所知，我的妻子玛丽安是儿童保护基金(Children's Defense Fund)的创始人兼首席执行官。儿童保护基金会每年在全国 7 个城市中做过的最漂亮的事情之一就是对每个城市中克服重重困难的 5 名高中生给予表彰，并授予大学奖学金。儿童保护基金这一传统已经保持了 20 多年，因此迄今为止，已有 700 名获表彰者，其中最早的获奖者正处于职业生涯中途。

这些年轻人确实是历经了千辛万苦：大多数人在贫困中长大，大多数人是性或者其他严重虐待的受害者，大多数人的父亲或者母亲吸毒或者酗酒，许多人无家可归，许多人过着被寄养的生活，一些人目睹父亲殴打母亲，少数人甚至目睹父母亲一方残杀了另一方。

这些年轻人所取得的成就是非凡的。许多人是家族中第一个上大学的，有些甚至是最好大学的班级尖子生。他们当中现在有医生、工程师，还有名牌大学的终身教授，许多人是公立学校的教师。在第一批接受奖学金的学生中有一个进了哈佛大学医学院，一位2010年获得奖学金的学生正在麻省理工学院学习电气工程。我的妻子相信其中一个还有可能成为海地总统。这一切真是令人惊叹不已！

无论情况有多糟糕，有些孩子既有惊人的适应能力，也有令人难以置信的天赋。以这样或那样的方式，他们遇到了有关爱之心的成年人，得到这些人的教导和支持，并为他们指出一条可能之路。每一次有孩子身处巨大风险的时候，总有人站出来保护这个孩子，为这个孩子引领航程，这是值得庆幸的事情。

这一切都非同凡响，但是也令人恼火和内疚。因为在这些孩子中对克服重重困难取得成功的每一个人来说，背后有十个、二十个、一百个、一千个孩子——我不知道——有可能取得成功，如果他们有公平的机会的话。我们将一直都需要有爱心的成年人，但同时我们也需要起作用的学校、起作用的社区，以及给予人们成功机会的所有其他支持系统。

当我们谈论克服重重困难时，这重重困难不仅仅是太多孩子所忍受的不幸家庭。他们还包括令人生厌的学校造成的困难，街头巷尾的诱惑和危险。我们当然需要继续一个接一个地帮助这些孩子——累加起来就是成千上万个——但是我们也需要解决系统性问题。

刍议当前学校改革的争论

有一个方面仍存在希望——一直争论不休的政治派系之间在近年来至少在这一方面已经达成一定程度的共识——这就是确保所有的孩子都有接受良好教育的机会的重要性。这一希望的出现经历了很长一段时间,至于如何成功实现仍存在很大分歧,但是公平地说,两党对学校改革的支持将会最先使低收入家庭的孩子受益,或者曾经如此。经济衰退期间,发生了大规模的教师裁员,严重地危及改革的势头。而且我也担心,尖酸刻薄的争论正在发酵——不是在两党固有的分歧上——这可能危及对有益的改革能够在很多州内开展起来的两党共识。

20 年前,很难叫出人们能够真心地认为是在遵循惠及所有儿童的良好策略的学校系统的名字。如今有布罗德奖(Broad Prize),授予那些在公共教育方面,尤其是在城市公共教育领域,成就卓越的学校系统。这样的一个奖项,每年都有大批的候选人。在 20 年前,这种情况根本不可能存在,那时候的候选人可能会少之又少。20 年前,没有特许学校。现在特许学校很多,其中一些无可争议地取得了惊人的成就。20 年前,"为美国而教"项目(Teach for

America)才刚起步。现在他们不得不为校友大会租下华盛顿会议中心(Washington Convention Center)。

在我们解决我国低收入家庭孩子的教育问题的方式方面,确实有一场名副其实的改革运动。1964年有年轻人前往密西西比支教,在21世纪的今天,有与他们一样的年轻人参与这样的公益项目——这些年轻人应募投身到有益于最需要接受良好教育的孩子们的教育改革事业之中。这项运动的兴起可以追溯到20多年前,参加该运动的那些年轻人中,年龄最大的现如今在奥巴马政府中管理学校系统和特许学校。在做这方面事情的晚辈们,有当老师的,也有在各级政治和教育领导人手下任职的。其他一些人是该工程的支持者、学者和评论员。这一领域生机勃勃。

在我自己的家庭中,我亲眼看到了这种情况。我们的儿子乔希(Josh)曾在公立学校任教,担任过特许学校的校长,做过两个公立学校系统的决策者,现如今在盖茨基金会(Gates Foundation)工作。我们的儿子约拿(Jonah)创建并且管理着"儿童支持会"(Stand for Children),这个组织在美国已经成为一股学校系统改革的重要宣传力量。他们相当于是21世纪的密西西比州"自由之夏"(Freedom Summer)项目的积极分子。我们的儿子以斯拉(Ezra)是出色的体育纪录片制片人。

本章的主要目的是讨论前一章我已经探讨过的,有关年轻人为了今后能找到工作所应享受的教育,尤其是与职业和工作相关的教育在促进内城贫困区年轻人继续接受在校学习,开辟更多通向卓有成效的成年期的道路等方面应该发挥的作用。

不过,首先,我要说明一个重要的问题。这个问题关乎优质教育和减贫之间的战略性平衡。

有一场争论正在进行,在我看来,它反映的是一些学校改革者和一些反贫困倡导者之间并不算真正对立的观点。一方,尤为担忧多年来太多老师束手无策、放弃努力,说贫困家庭的孩子给学校带来太重的包袱,根本教不了,因而强调说(在我看来事实也是如此)每个孩子都有学习的能力。另一方,则坚信(也是对的)最大化的成功还必须包括减贫,强调在学校改革的同时重视减贫的必要性。

在我看来,这并不是真正意义上的争论。一方面,我们现在有来自高水平特许学校和传统公立学校的证据,表明"所有孩子都有学习的能力"并不仅仅是一张汽车保险杠上的小标语。很多学校正在做一些非凡的工作,改变着低收入家庭孩子的生活。另一方面,从神经科学和发展心理学中,我们对儿童大脑是如何发展的有了更多的了解,并知道如果低收入家庭的孩子自 3 岁起没有受到普通孩子所接受的教育,两者在随后发展上的差距是非常明显的。[1]同时我们也知道,那些生活在贫困中、到三年级仍不能熟练阅读的孩子,与那些从未经历过贫困的孩子相比,有约 3 倍的可能无法从高中毕业。[2]

没有任何依据让学校改革者因减贫步伐太慢而放弃改善教育的工作。学校本身就可以是变革的驱动者。与此同时，在学校设立健康诊所和社区资源中心、大力支持扩大儿童早教计划和父母支持项目的规模都是非常重要的，并且显然是可以做到的，这将使孩子们的生活大不相同。

但是，这还不够。我们不能忘记就业和收入这一根本问题，以及与之紧密相连并且依旧重要的种族和性别问题。通过利用学校作为基地而能在学校里开展的与贫困相关的活动是值得的，但是人们不应该将这些与必要的减贫政策混为一谈。素质教育是与贫困作战的核心战略，但除非我们与贫困全线作战，否则学校将不会在帮助所有孩子充分发挥自己的潜能上取得成功。

失去一代又一代：我们什么时候才能停止这样的大屠杀？

本书的许多读者都会非常熟悉“从摇篮到监狱的管道”这一术语及其反映的现实。对非裔美国人和拉丁裔年轻人的过分监禁是一个国人皆知的丑闻。低收入的有色年轻人——尤其是那些在特困社区中长大的年轻人——在目前情况下命中注定最终要坐牢，其入狱比例远超过其占总人口的比例。[3] 20 世纪 70 年代末,我担任纽约州青年管教机构主任的时候,就看到这种情况的发生,从那以后,情况变得更加糟糕。我们将失去一代又一代。

给下列情况打钩:父亲入狱和出狱,或者不知或从来不知其去向。母亲努力寻找稳定的工作,却总是以失败而告终。父亲或者母亲一方有吸毒或酗酒的迹象。家庭暴力。忽视早期儿童教育或者更糟糕。令人讨厌的学校。在男孩的生活中,除了母亲和祖母,根本就没有关心他们的成年人存在。怂恿蔑视一切、诋毁教育成就的街头文化。极为乐于抓人的警察。

结果:在狱中关过一段时间,很可能当了父亲却不与孩子的母亲结婚,余生中无法找到工作。童年时代的贫困使得这些年轻人极可能成为触犯法律的人,而入狱的经历使得他们更可能过上贫困的生活,并且在民主生活中被剥夺政治权利,把政治算术推向右翼,同时使支持低收入社区的选民人数缩减。

当然,不是上述所有情况都适用于每一位年轻人,但有相当多的人就是处于这样的境地。无论基本事实是否如乔治 · W. 布什所提到的"(对贫困的年轻人)期望值较低这一缺乏依据的偏见"当道,还是如米歇尔 · 亚历山大(Michelle Alexander)笔下的《新吉姆 · 克罗》(*The New Jim Crow*)(抑或译为《新黑人》)所述,该书绝妙地描绘了在刑事司法系统中将年轻黑人视为惩治目标的情形[4]——

这两个观点都在影响着人们——现实情况确实十分严酷。青少年和刑事司法系统的全面改革，包括对我们筹划不周的"禁毒战争"的改革，是绝对必要的。

尽管现实是如此的严酷，从摇篮到监狱的管道还是相对狭窄。迄今为止，有一条较之更宽些的管道。我将其称为从摇篮到绝路的管道，而且这里面有男孩也有女孩。在监狱或拘留所中关押着 804 100 个青少年和青壮年（年龄在 18 至 29 岁之间），[5]其中大约有 92.4%是男性。[6]但是长期不上学又无工作的青少年和青壮年有 300 多万，其中大多数人将不会进监狱。[7]美国东北大学（Northeastern University）的安德鲁·萨姆（Andrew Sum）估计这一人数高达 502 万。[8]

这些年轻人被称为"离群者"。据估计，他们在 16～24 岁人群中占十二分之一，甚至是六分之一的比例。[9]大约有三分之一的人已为人父母，将近 5 万人无家可归，很多人长时间在孤儿院生活。[10]如果任由这样发展下去的话，300 万年轻人中至少有一半人将一辈子找不到工作或者充其量偶尔找到非常边缘的工作。不足为奇的是，在这些离群者中，非裔、拉丁裔和原住民所占的比例过高。

300 万离群青年是大萧条之前广泛流传的一个数字。它包括一些高中毕业生，因为那些在后高中时代未继续接受教育或者培训的年轻人越来越难以进入正规合法的劳务市场。对那些高中没毕业的离群青年来说，这一途径更加靠不住。在所有学生中,只有大约三分之二——所有非裔美国人、拉丁裔美国人和美洲原住民中,只有一半人——在四年后读完九年级,取得正规文凭。[11]对少数族裔中的男性而言,这一比例更低。辍学是一场灾难。2000年失业率较低的时候,有50%的高中辍学者实现就业,相比而言,那些拥有大专或者更高文凭者的就业率为93%。[12]现在情况比那个时候要糟糕很多。

在某个上学日,如果你去任何一个内城贫民区附近,就会看到正在建造中的辍学工厂。你将会看到一些无疑应该在校上课的年轻人聚集在大街上。他们中的一些人正要去参与某种骚乱,这意味着要被拘押坐牢。更多的人基本上是不知道自己要去何处。他们为什么不上学呢?从根本上说,他们看不到待在学校的任何好处。他们无法看到学校提供的能够实实在在让他们看到出路的东西。他们中有些人会说没人知道或者在乎他们上不上学(他们中的太多人情况确实如此)。他们中有些人既不识字,也不会写字,算术也不好,但是毕竟还是一年又一年地走了过来。几乎所有人都在大街上、音乐中甚至是家里听到过教育无用的言论。他们是自暴自弃,但是所有他们听到的和见到的都强化了这一观念——他们没有未来。

我们在街角发现的那些人中,有些是不得不待在那里,因为学校已将他们拒之门外。多年来我们听说过零容忍政策的过度滥用。近期,一项由州政府司法中心理事会

(Council of State Governments Justice Center)和得州农工大学的公共政策研究中心(Texas A&M University's Public Policy Research Institute)所做的一项研究提供了非常确凿的证据。研究人员查看了660万得州三年级学生的在校情况记录,并跟踪研究了6年多。他们发现了近乎100万起纪律处罚的实例。有着相似资料的学校,在纪律政策上非常不一样。超过97%被纪律处罚的学生是因"随意"违纪而受到处罚,主要是扰乱课堂和不听话;不到3%的学生因违反国家法规而犯罪,比如将武器或者毒品带到学校。非裔美国人因为"随意"违纪而被处罚的比例比白人和西班牙裔人高出31%。[13]而且在23%被停学的学生中,至少有一次与青少年司法体系接触的经历,而在那些没有被停过学的学生中这一比例仅为2%。最好的政策是一开始不要肆无忌惮地处罚学生,有证据显示这是许多学校的成功政策,因为证据还说明反复处罚一旦开始,一种日渐严重的格格不入的模式将会出现。因此校纪政策与我们正在讨论的管道问题息息相关。

针对所有这些情况,我们能够做些什么?儿童早期发展,从幼儿园开始提供优质的教学,等等,但是高中呢?难道说大学可以解决所有问题吗?

这里我们探讨的问题至少从布克·T.华盛顿(Booker T. Washington)和W. E. B.·杜博思(W. E. B. Du Bois)以来就一直在争论。基本上,每一所学业水平较高的高中都明确地表示,他们的目标是让学生上大学,在这方面,也取得了一些惊人的成功,而我并无意反对他们所采用的方法。对他们来说这种方法是奏效的。

但这并不是适合于每个人,即使是在那些学校。如果你更仔细地看一下从面向低收入学生的优秀高中毕业的许多学生,你会发现其中有很多人上了社区大学继续深造,可能获得抑或可能没有获得学士学位。你会发现没拿到学士学位的一些人确实拿到了从事一份无须四年制学历、收入可观的职业所需要的文凭或证书。“让所有人都上大学”可能是他们为宣传自己而舞动的旗帜,但是最后得到的是更为多样化的结果——我指的是好的结果。

利害关系最大的地方是内城贫民区的大型公立高中——这些辍学工厂让太多人过着伤痕累累的生活。我们的第一要务是引起学生的注意,说服他们待在学校里。内城贫民区高中应该为那些积极主动的学生提供充分的机会,使他们进入力所能及的好大学,但是,学生们也需要诸多的选择,可以做一些更实在、更需要动手能力、更有立竿见影之收获的事情。当然,一些年轻人,不管出身如何,都可以在通识教育下茁壮成长,然而,还有一些年轻人,无论他们在哪里长大,更倾向于较为实用的选择。所有处在经济底层的年轻人一窝蜂似地涌到郊区学校,到那里接受良好的职业和技术教育。但是,尤为重要的是,在内城贫民区高中,应该有夯实的职业发展路径。我们不想重塑

20世纪有功能障碍的职业教育，而且我们也没有必要。我在明尼阿波利斯市长大，那里有一所职业高中，就像是一个垃圾堆放场。我们不想回到过去。

在21世纪，我们需要的是一个可以给予年轻人一定的影响和回报的体系——让他们感到，如果努力，就可以找到工作，过上自己梦寐以求的生活。他们需要看到一幅切实可行、通向成功的成年生活的路线图。

为实现这一目标，总的来说，高中，尤其是内城贫困区的高中，应该提供专门以职业为导向的教育选择。21世纪版本的高中，不仅应该打开通往初级工作岗位的大门，而且也应该打开通向继续教育的大门，引领学习者获得某一领域的最高学历。读医疗保健职业高中项目的学生应该能在毕业后找到一份技师或者助理的工作，然后再回来上学或者直接去上大学——也许一开始上社区大学，然后成为一名职业护士或者是更专业的技师，而后还可以继续深造，攻读更高的学位。高中的教学计划应该包括在工作场所亲自动手实践的经验——最好是有薪酬的——那是实实在在的，并且可以马上获得回报。灵活性越高就越好。

这种灵活性，顺便提一下，尤其对移民大有裨益。较之德国等在很大程度上按学生能力组织教学的欧洲系统，美国有很大的优势。与其他很多国家相比，在我们国家的这片土地上第二次选择的机会更多，这对那些弱势群体来说非常关键。

针对我刚提到的方法,似乎有难分难解的酣战。有批评指出,这样的方法有些屈尊降贵,或者是种族歧视,或是阶级歧视。1971 年,我在马萨诸塞州大学工作,那时就有这样的争论。在 1968 年前后,一群心怀善意的哈佛博士受雇在该大学新成立的波士顿校区供职。那里设置的整个课程都是人文科学,没有其他选择。

“创建一个公共和社区服务大学怎么样?”我们问道,“创建一个金融和管理类的大学怎么样?”

回答:“不行。绝对不行。无论如何都不行。我们要将人们在哈佛才能享受到的教育带给工薪阶层。”他们说道:“那是民主的教育方式。你的方式是家长式作风。”

“你们的大学很好,”我们回答道,“但是大学毕业生得养家糊口。我们至少要安排一些能够指导学生就业的课程。”

我们确实创建了两类新型的大学,并且一切进展顺利。

职业和技术教育(Career and Technical Education, CTE)是 21 世纪版的职业教育。尽管在内城贫困区高中,其教学质量,即便是在其称谓改变后,依旧停留在我青年时期明尼阿波利斯市旧有的职业教育水平,但它现已遍布全国各地。职业技术教育,再加上社区大学以及它与社区大学的紧密联系,如果办得好的话是一个较好的选择,可以帮助那些离群青年成功地过渡到成年。高质量的职业技术教育项目将高中生和职场联系起来，同时为一些学生提供离开高中以后就可以直接获得职业证书的机会。但是，他们也要求学生完成升入四年制大学需要学习的课程。这样的高中课程设置是基于对美国经济实事求是的评估，因为那些需要大专文凭或类似证书的工作预计在未来几年内增长最快。

美国劳工统计局(U. S. Bureau of Labor Statistics)曾预计，从2008至2018年，就业岗位将累计增加1 530万个，而根据乔治敦教育与劳动力中心(Georgetown Center on Education and the Workforce)统计，那段时间内，新增和更新的就业岗位将达到4 700万。这些工作岗位中，将近三分之二至少需要高中毕业后继续接受教育，而那些只有高中文凭的人只能填补其中37%的空缺职位，这仅为20世纪70年代初他们所占岗位的一半。[14] 约三分之一的工作将是我之前提到的“中等技术工作”[15]——比如，建筑施工经理、警官、律师的专职助理，以及牙科保健医师。这些都是好工作。实际上，27%高中毕业后继续接受教育并获得相应的从业证或资格证书(副学士学位证书①)的人，

① 副学士学位，是一种源自美国和加拿大的学位等级。副学士学位由社区学院、专科学院或某些具有学士学位颁授资格的学院和大专，颁授给完成副学士学位课程的学生，该课程等同于四年制大学的首两年课程。——译者著

比一般的拥有学士学位的人挣得多。[16]

奥巴马总统和教育部长阿恩·邓肯(Arne Duncan),至少在某种程度上,已经努力朝着正确的方向前进了。总统提出的美国社区学院毕业计划(American Graduation Initiative for Community Colleges)——只得到所需的部分资金——是以认真思考将来会出现的工作以及为了让人们能够胜任这些工作而有必要做好准备为前提。另一方面,它没有将足够的注意力放在那些为了成功需要补习或者是其他额外帮助的学生身上。更为重要的是,政府虽然比任何时期都关注低收入家庭孩子的教育,却几乎不关注高中里以就业为导向的教育。

当然,现如今无论是奥巴马政府还是各州和各地方都无法再进行任何新的投资。包括帕金斯法案在内的项目(这一法案为职业教育提供资金),在2011年的预算被削减,并且在全国和地方,更多的削减行动即将到来。我们只有不再让学校资金短缺,才能看到足够大的改变。

职业和技术教育

我们并非从零开始。我们可以从那些得到积极评价的模式以及其他一些给人印象深刻的成绩记录中学习。

职业学院已经有大约40年的历史,并且历经严格的评估,或许是各地内城贫困区学生和低收入学生可以就读的主要类型的学校。在美国全国范围内,约有2 500家高中设有职业学院。它们将以大学为导向的学业课程学习与职业和技术课程相结合，围绕择业目标组织教学活动。该模式涉及16个职业类型，包括医疗、商业和金融以及计算机技术。通过在实际工作地点参加志愿者项目，学生可以在学习的过程中获得亲身体验。以工作为基础的学习以及学院一对一的特点是它们成功的关键之所在。另一方面，各职业学院的教学质量，一般像职业技术教育一样，因学校而异，在内城贫困区高中，教育质量较差的发生率过高，只打着“职业学院”的名号却不能保证教学质量。

取得显著成功的职业学院网络是美国高中国家学术基础网络，分布在40个州以及哥伦比亚特区，为400所学校中将近500所学院的5万名学生提供服务。它的服务对象多为非裔和拉丁裔美国人。包括了四个重点领域：金融、信息技术、工程、酒店和旅游。产业合作是整个过程中比较重要的部分。这些学校毕业率为90%，有52%的学生继续攻读学士学位。[17]他们取得成功的关键在于带薪实习，由商业伙伴进行志愿者课堂教学，以及一对一辅导。

美国研究教育与社会政策的非营利组织人力示范研究公司(Manpower Demonstration Research Corporation)对职业学校进行的评估取得了令人印象深刻的结果。他们发现，在学业失败风险最高的学生中，存在着最明显、最普遍的差异。在这一小群体中，学院的学生更经常去上学，获得的课程学分更多，更有可能参与课外活动以及志愿者项目，被逮捕的可能性更小。[18]在他们高三那一年的春天，极为可能辍学群体的辍学率，对照组的为32%，职业学院的减少到21%。[19]毕业四年后，男性参与者平均每年比未参与者多挣2 500美元。[20]毕业后8年，学院毕业生比非学院毕业生累计挣得的收入多出30 000美元。[21]

马萨诸塞州也一直处于职业技术教育(Vocational Technical Education, VTE)的前沿。该州的每个学生都可以参加职业技术教育项目。职业技术教育学生的毕业率显著优于普通高中(分别为90.5%与80.9%)，州考的分数也更高。[22]据麻省教育企业联盟(Massachusetts Business Alliance for Education)报道，与其他高中毕业生相比，接受职业技术教育的毕业生做好了更多的就业准备。

63所职业技术教育学校实际上是非常有吸引力、规模较大的学校。学生有一半的教学时间是花在店里或者职业教育上。连同如木工、美容和管道等传统行业一起，职业技术教育学校还提供电信、电脑维修、医疗救助、环境技术以及工程学预科等专业课程。职业技术教育学校的经验中，有一个标准组成部分，这就是三年级学生的“合作社”，在社里，学生们可以做一项属于自己学习领域的实际工作，挣得一份工资。[23]

还有好的项目和个别学校的其他例子，属于我上述所描述的模式。实效高中(High Schools That Work)项目是另一种模式，现在在32个州1 200所学校得到采用。加利福尼亚的联合学习计划(Linked Learning Initiative)是另一种模式，得到加州11个学区的采纳。还有很多其他的例子。但是我们在这个领域面临着重大的挑战。优质的职业技术教育是解决内城贫困区高中毕业率较低这一问题应采取的策略的一个关键组件。当然，传统的、非个性化的大型高中面临着多重挑战，远远超过职业技术教育领域。但是我的感觉是，将优质职业技术教育作为防止辍学、帮助年轻人走上通往21世纪经济中好的工作岗位之路的重要工具，有这样设想的城市为数太少。

社区大学

下一条路径是高等教育，尤其是社区大学。社区大学是帮助所有年龄段的人为未来就业做准备的关键机构。要想得到好的工作(而我依旧担心好工作不够多)需要高中后继续接受教育，有时是两年制的学位教育，在其他情况下，需要的是某种证书。

社区大学是美国给人们提供第二次机会的学府。虽然对我们做得不够好的事情有种种担心，但与其他经济发达的国家相比，我们有一件事情做得很好，这就是给人们提供第二次机会。通常情况下，其他国家进行早期测试，并对年轻人几乎是义无反顾地进行成长情况追踪，甚至是在他们还不到13岁之前。在美国,社区大学是人们可以弥补过去的不良表现、重拾中断的学业,或者改变之前职业生涯方向的地方——主要的地方。

因此,社区大学是美国的大熔炉——不仅在于其巨大的学生多样性,还在于学生的年龄范围。这是一个可以在高中毕业后马上开始高中后继教育的地方,也是在任何年龄段都可以回到这里,继续接受教育的地方。在构建从学校到工作,再由工作到学校这一来回往复类似高速公路的进口和出口匝道的框架中,社区大学是关键。这是一个极富灵活性的学府,在这里,人们可以按照自己的步调,自由开始和停止以及再度开始全日制或者非全日制的课程学习,可以自己安排时间接受继续教育或培训,这样他们才能够登上职业阶梯的下一个高度。

有一个不幸的事实,如今比以前任何时候都要明显,这就是社区大学中我们没有足够的名额去满足需求。失业人员和其他需要优化自身技能的人使得这一需求激增,很多州大幅的预算削减限制了学校可提供的名额数量。私立大学挺身而出,填补了空缺。有一些私立大学发挥了积极的作用(尽管学费昂贵),但太多私立学校干得不好,甚至有的存在欺诈行为。随着我们从经济衰退中走出,一个明显的挑战摆在我们面前,这就是增加我们对社区大学所应承担的义务。

除此之外,我们需要加大努力,帮助所有从高中出来的极度贫困的年轻人，包括那些没有毕业的人。

我中意的一个模式是通向大学之门项目(Gateway to College)，始于俄勒冈州波特兰市的波特兰社区大学。如今在16个州有30所社区大学设有通向大学之门项目，这是为高中辍学者提供第二次机会的一种模式。社区大学在它的校园内成立一所高中。通过双重学分，参加项目的学生需要获得高中文凭，并获得平均35个大学学分，然后才能进入大学。

在第一学期，参与大学之门项目的学生先被安排在小型学习社区中，并且集中学习阅读、写作、数学和大学技能等课程。随后，他们就可以和普通学生一起上课了。在整个项目中，他们自始至终都可以获得一对一的咨询和支持。

当学生们处于高中阶段时，为了让他们做好上大学的准备，学校会给他们提供所需要的任何形式的补习。由于是按照公立学校的资助模式来为这类高中提供资金，因此学生们参加高中文凭学习或者是补习并没有动用佩尔奖助学金的全部资金。令人深感不安的是，在太多的其他社区大学，补习经常会耗费掉佩尔助学金中的一大部分资金。这是至关重要的。很多拥有高中文凭的学生，由于对大学课程准备不充分，结果导致最终上辅导班，但后来却辍学了，甚至连一个大学学分都未得到。

在所有完成一个学期学习任务的大学之门项目的学

生中，有52%的人获得了高中文凭。这个项目大获成功，引人瞩目，因为在此之前，高中学生的平均绩点是1.6。在经历了与较低出勤率的斗争之后，大学之门项目的学生们的平均出勤率升至81%。[24]这些学生大部分来自低收入家庭和少数族裔家庭，将会是他们家庭中第一个上大学的人。

通往大学之门项目是一个极好的模式，应该在更大的范围予以复制（同时还有一点值得注意，这就是有能力加以实施是至关紧要的——现在的一些项目点比另外一些取得的成绩更令人瞩目）。

与此类似的另一模式是大学、职业和技术学院（College, Career and Technology Academy, CCTA），它是与南得州学院（South Texas College）合作开展的一个项目。未来就业促进会（Jobs for the Future）是一个研究与年轻人有关的工作相关问题的机构，对50个州中为脱离正轨的年轻人设立的将高中与大学整合在一起的项目进行了调查。在CCTA，之前辍学的学生完成学业，获得了高中文凭，并且在做好准备后，顺利地转入大学课程的学习。他们一边完成高中要求掌握的内容，一边进行大学课程的学习。CCTA的这种设计使得年轻人能够以大学生而非高中辍学者的身份体验学习生活。这种设计是很容易复制的，得州一些临近地区已经启动了它们各自版本的项目，他们意识到推广这个模式可以提高毕业率。尽管采用小班授课，但由于非学术开支例如运动和社团等节省下来的费用，实际上每个学生的培养成本比传统高中教育的要低。[25]

今后要惠及辍学者

当那些曾经犯过大错的年轻人得到学习、工作、为社会做贡献的机会时，他们的生活可能会发生巨大的变化。未来就业促进会最近对源于美国国家教育纵向研究(National Education Longitudinal Study)的数据所进行的分析显示，将近60%的高中辍学生最终获得了高中文凭。[26]如果那是好消息的话，那坏消息就是超过40%的学生没能获得高中文凭。我们需要付出不懈的努力，创建一个有效的系统，帮助那些苦苦挣扎的年轻人，使他们成为社会上有所成就的人。

重新入校学习的问题取决于这些年轻人的年龄，以及在辍学之外是否还有与离校相关联的特定问题。重新入校学习对那些我们在言语上给予的关怀远胜于行动的四类人群提出了特别的挑战：身陷未成年人犯罪或者刑事司法体系中的青少年；年轻的未婚母亲；被寄养的青少年；以及无家可归的青少年。传统的高中可能会也可能不会接收处于上述这些情况中的青年人。如果他们离校问题的实质是与他们和传统学校格格不入相关联，那么为他们另做安排应该是适宜的。

如果这些青少年年龄太大，不适合在美国基础教育体制(K-12 System)中接受教育的话，那么给他们提供其他的选择是非常重要的。为年龄大些的青少年和年纪较轻的成年人创立的有望成功的模式，一般是给他们提供学习与工作相关的技术技能的机会，同时还能够获得文凭，其中还包括每周几天的带薪工作。在这方面，除了工作场所本身之外，非营利机构也必须发挥重要作用——通常是与社区大学联合起来。为17～24岁的年轻人新开设的成年人特许学校(Adult Charter School)是华盛顿特区玛雅·安杰卢(Maya Angelou)家庭学校的一部分，这是另外一个有希望获得成功的设想。就业工作团(Job Corps)是一个拥有近乎半个世纪跟踪记录的项目，并且依然在成长壮大。

我个人特别喜欢的是青年建造项目。这是一个为16～24岁的年轻人服务的杰出组织。其名称一语双关：它使年轻人自身得到塑造，同时也为低收入及无家可归者建造保障性住房。该组织强调领导能力培养、伦理以及服务和建设社区。1994年以来，该项目的参与者已经建造了2万套住房，参与项目的年轻人已达10万之多。[27]

青年建造由真正的天才桃乐丝·斯通曼(Dorothy Stoneman)(也是由麦克阿瑟基金会指定的负责人)创建，在桃乐丝漫长的职业生涯中，青年建造项目得到了长足的发展，所采纳的形式和名称亦有所不同。其发展历程可以追溯到二十几年前，当时桃乐丝成功说服了参议员约翰·克里（John kerry），由他倡议该项目应该得到联邦政府资助（资助还来自州和地方政府以及私人资金）。在参议员克里以及国会中其他人的支持下，桃乐丝成功建立了一个影响深远的大型组织。

另一方面，该项目是大幅度削减国内可自由支配项目资金的最佳例证，这些项目是所有预算中极小的一部分，但却是最先也是最直接的削减目标。桃乐丝已经证明，那些曾经处于劣势的年轻人可以取得成功。尽管如此，联邦政府给予他们的资金支持仍然被作为每年削减的目标，只要如今的政治气候持续下去，情况就不会有什么改观。

2010 年，有 4 252 名年轻人参加该项目，另外的 18 000 人被拒之于门外。[28]在 2011 年开始大张旗鼓地削减预算前，在 45 个州、哥伦比亚特区以及维尔京群岛，有 273 个青年建造项目。[29] 2011 年和 2012 年的预算削减总额将导致其中的 100 个项目失去联邦支持。[30]通过其他的资金来源（一些依靠缩减规模），大部分将会得以幸存，然而一些项目最后只能停止运行。

青年建造项目的参与者们在加入这个项目的时候都非常贫穷，94％的人高中没有毕业，其中 71％为男性。54％是非裔美国人，22％为白人，20％为拉丁裔，很小一部分是印第安人或者亚裔美国人。31％已为人父母，43％在未成年人司法系统或者刑法司法系统中有涉案记录，45％

依靠公共援助，19%曾经住在公共住房。平均年龄为19.6岁，有七年级的阅读水平。[31]这些青年在这个项目中待6至24个月的时间。78%的人完成该项目，60%的人找到工作（平均工资为每小时9.20美元）或者重返学校，63%的人通过GED考试获得普通同等学力文凭。

我们不应该放弃任何想要找到适合自己的途径、全面融入这个社会的年轻人。青年建造项目并不适合于所有人——比如，它更加侧重于男性而不太关注女性——但是它本可以服务更多的人，可能比现在要多出数千人。当然能够减少脱离社会的青年人的流动是再好不过的事情了，但是用来解决管道问题的全面策略必须包括那些之前没能惠及的人群。那正是青年建造所做的事情。至少可以说，那些原本可以充分利用第二次机会的年轻人，却因为今天的政治主张而与其失之交臂，这令人深感不安。

在提供第二次机会的阵营中，还有另外一个重要的组织——服务队网（Corps Network），它是与新政时期的民间资源保护队（Civilian Conservation Corps）一脉传承，发展至今日而形成的。作为该网络成员的158个服务和资源保护队活跃于46个州，每年招募33 000名队员，还有额外的265 000名志愿者，获得来自各方的资金支持每年达5.49亿美元。[32]保护队的成员中，很多都是美国志愿队成员，主要致力于环境保护和清洁能源项目。大部分参与者在加入该组织时都是与社会脱节的年轻人，都想要通过在保护队的经历，寻找第二次机会。

年年向上（Year Up）是遍布美国各地的许多地方项目之一，这些项目为需要支持的年轻人提供帮助，而且大部分都没有公共资金的资助。年年向上项目经过了严格的评估，并以优异成绩获得认可。该项目创立于2000年，现拥有100个企业合作伙伴，在11个城市中开展活动，服务对象是年龄为18～24岁中低收入的年轻人。它是为高中毕业生——大部分是少数族裔——而设立的，以“职业第一”为宗旨的一个项目，这些高中生尚未接受任何高中后的教育。为期一年的项目分为课堂学习阶段和实习阶段。前半部分包括技术技能培训、写作和沟通课程、职业技能指导，以及获得大学学分的机会。后半部分则是在当地顶级公司实习。在其10多年的发展历史中，年年向上项目已经安排2 300多年轻人参加实习，84%的学生得到了一份平均工资为每小时15美元的工作，或者去上了大学。[33]

有一个引人注目的项目是于2011年夏天由纽约市市长迈克·布隆伯格（Michael Bloomberg）公之于众的。在这样一个低收入少数族裔年轻人身处危机之中的主要城市，或许受到最显著赞誉的是，布隆伯格市长承诺在未来3年里从自己的资金中拿出3 000万美元用于“青年计划”（Young Men's Initiative）项目，这与亿万富翁乔治·索罗斯（George Soros）承诺提供的相同数额资金以及市政提供的资金不相上下，三者总计 1.27 亿美元。

布隆伯格的计划包括了设立于公共住房中的求职招聘中心，重新组织安排实习活动以便使得这些年轻人可以更容易为社区所接受，开设如何为人之父的新课程，以及创建一个能够将上午的数学和语文课程与下午的带薪实习相结合的工作培训项目。公立学校将再度从中学开始集中努力为高风险青年人进行职业咨询，并且加强学校在服务非裔美国人和拉丁裔男性方面的评估。[34]

每年 4 000 万美元的投入难以支撑整个项目，但也并非是杯水车薪，而且这个项目具有我在本章提到过的很多好的因素。布隆伯格市长没有像很多人那样，半途甩手不管，抱怨“情况棘手”，而是接受了这一危机所发出的挑战，并且采取了应对措施。私人慈善并不是全部的解决办法，但是它能够树立榜样，让公共投资去加以效仿。公共和私人的投资和奉献我们都需要。

我们不乏有关爱之心的人，但是有关爱之心的人不够多。我们也不乏公共资金，但公共资金不够充足。过去的 25 年中，联邦政府在青少年就业方面的投资实际上在下降，从 1984 年的 15 亿美元降到 2012 年的 8.28 亿美元，其中还未考虑到通货膨胀因素[35]（1984 年的拨款相当于如今的 32.7 亿美元）。《2011 年赤字控制法案》（*Deficit Control Act of 2011*）意味着更多的削减计划即将来临。因此一个值得研究的问题是如何把我所谈及的成功和有望成功的模式大规模推广开来。对此给出的一个回答是，我们推广的范围无论有多广都是恰如其分地源自不同的资助人：各级政府、企业和基金会、个人捐赠和志愿者服务，取决于特定的项目或计划。除了其他方面之外，终止对年轻人费用高昂且没有必要的监禁会将相应的资源节省下来，用于更有效地帮助那些身处困境的年轻人。

我们在那些需要额外关心的儿童身上投资不足，这一问题从他们出生之日起就已经开始，并且在那以后持续存在，因此不能说这个方面不负责任比另外一个方面不负责任更为糟糕。当然，还有一个客观事实是，在早期教育上更为有效的投资，如果持续下去的话，将可以避免随后出现的很多消极后果。但是当我们看到我们忽视早期儿童教育而造成的问题时，我们可能会说："噢，很遗憾，太迟了，真糟糕，都过去了，我们现在无能为力了。"我们对现在几乎已长大成人、我们依旧可以伸出援助之手给予帮助的年轻人视而不见，是令人无法接受的。

教育和儿童发展——投资于我们的未来——是反贫困战略的一个非常重要的组成部分。我们需要为儿童做的一切可以写满满一架子的书。我 40 年来对减贫事业的热情——从罗伯特·肯尼迪到我在马萨诸塞大学工作期间，尤其是在我作为纽约州青年事务部主任的时候——让我目睹了那些人生道路尤为艰难的年轻人从青春期步入成年时历经的那一段跌宕起伏的过程。消灭美国的贫困现象需要在多个方面采取行动，但是最为重要的可能莫过于为每一个年轻人提供机会，使他们成为社会活动的全面参与者。

结语

现在的美国在很多方面做得都很好，与我开始做减贫工作时的情形大不相同了。我们已经在许多影响贫困的领域——在种族、性别、医疗安全网和食品安全网的建立、老年人经济保障方面——取得了长足的进步。我们对 20 世纪 60 年代持续的战后繁荣感到无比乐观，在这些事情发生时甚至多少在某种程度上认为是理所应当的。在每个方面，都有更多的工作要做，不过我们已经做得很好了。

但另一方面，有一些事情我们并未预见到：经济领域中一个转变是，出现了如此多的低薪工作。家庭构成的变化、公共教育的危机、社会流动性的降低、摇篮至监狱的管道，导致如此多的青少年远离学校和工作岗位。

我们做了很多应对贫困的事情，如果没有食品券、收入所得税减免、根据通货膨胀指数调整社会保障金这类措施,现在身陷贫困的人数还将会增多大约4 000万。

尽管里根总统当政期间对安全网造成了损坏,克林顿总统当政期间终止了福利,但是由于我们多年来制定的政策,原本会使贫困现象更加恶化的事件并没有产生多大的恶劣影响,即使是没有被消除。所以,如果你客观地看待所发生的事情,就不难发现,宣称所做的一切毫无效果完全是无稽之谈。

但是,我们的头脑现在需要格外清醒。我们在朝错误的方向前进。我们在那个洞里正越陷越深。因为没有为我们所有的孩子做该做的事情而要付出的代价将越来越高。在占领华尔街运动中搭起的帐篷可能在本书面世时早已经拆走了,但是"我们是占人口99%的那些人"的呼声依然存在。我们必须为所有的这些占人口99%的人采取行动。

只要中产阶级选民认为他们与上层人士的共同点多于他们与底层民众的共同点,就会让我们精疲力竭,却不见成效。创造足够多的收入、使人们可以过上舒适生活的工作岗位这一问题与大部分人休戚相关。如何提供优质(且能上得起的高中后)教育,让每个人都为自己力所能及的最佳工作做好准备,这是一个摆在大多数人面前的问题。难以应对的挑战是使身处中间阶层的人们明白他们应该站在哪一边。如果他们继续认为他们自己及其子女确实可以受益于社会流动性,他们就不大可能去做好他们必须做的事情,保护自己,更不用说同情那些处于社会底层的人了。这些人拥有这种力量,如果他们愿意使用它的话,但是他们必须看到这样做对他们有利。

在某种程度上说,我们未能看到自从大萧条以来,富有者和有权势者每天都在添砖加瓦,不断在垒砌将他们与其他人隔离开来的分界墙。银行盈利屡创纪录,但却不把钱借给需要的人,而政府也是听之任之。大公司积蓄了大笔现金储备,但却不雇人,而政府也不设法去刺激人们对他们生产的产品的需求。对提高高收入阶层纳税水平的可能性这一问题给出的回答仍然是声音响亮的“不”。

这是不理性的。

我们需要完成的首要任务是将布什时期对富人实施的减税再提高到原来的标准。如果我们不能做到这一点,我们就将没有资源做下面的事情:向不平等宣战意味着底层和上层都要有所行动。需要优先解决的根本问题仍然是收入丰厚的工作岗位、可靠的安全网、惠及每个孩子的教育体系。当务之急,是在税收方面采取必要措施的同时,捍卫和保护基本的扶贫计划,因为若没有这些计划,贫困状况会更加恶化。最紧迫的需要,用纯粹的人道主义措辞来说,就是修复我们美国安全网上使我们仍然有好几百万人处于深度贫困尤其是有600万人除了食品券之外没有其他任何收入的裂缝。

我们不应自欺欺人。1%最上层人士的财富和收入在增长,但其他每个人为此要付出代价。金钱豢养权力,权力滋生出更多的金钱。这确实是一种恶性循环。

我们这一边拥有一个主要的武器:民众的力量。我们需要公共知识分子、拥护者、基金会,以及任何站在我们这边的有强大力量的人。但是我们真正的武器,我们最好的武器——我们用于大众建设的武器——是我们。在我撰写本书时,人们似乎在觉醒,在从过去两年半的逆来顺受、不负责任的状态中走出来。

我既看到过充满希望的日子,也看到过黑暗的日子,而且是不止一次看到。所有的历史均是如此。有些时候看起来好像富人牢牢地把持着我们所有的资源和政治权力。这种情况没有持续下去。曾经有过一些时候,看起来好像是那些认为贫困者之所以贫困是因为他们做出了错误的选择的那些人永远掌管着大权。这种情况也没有持续下去。

我们必须一直稳扎稳打。这意味着选举政治和对外宣传与组织要双管齐下。我们往往忽而蹒跚前行,忽而踉跄后退。我对2008年奥巴马当选所持的观点是我们把自己所有的鸡蛋都放在了选举的篮子里,然后就认为他将做好一切,而我们可以做自己的事情。对此存在两个问题。其一,为了把事情做好,他需要我们的帮助;其二,对于什么事情他应该在做但却没在做,以及什么事情他在做但却是错误的,他需要听到我们的声音。你不可以只投一下票，然后就四年踪影全无。但是还有一些时候我们基于相当愚蠢的理论，认为谁选举获胜没有关系，因而对选举部分嗤之以鼻，然而，却发现另外的情况，对我们造成了伤害。所以，有一个教训，我们似乎汲取了，之后却一再地忘记，这就是我们必须内外共同努力——在选举圈中及圈外，保持当选官员诚实，使他们比没有被选举时做得更好。

我是乐观主义者。我必须是，若不然我就不会撰写本书了。

致谢

首先，要感谢安德烈·西弗林(André Schiffrin)、艾伦·阿德勒(Ellen Adler)以及新新出版社(New Press)对我撰写这本书的兴趣。我也非常感谢我的研究助理们——奥斯丁·戴维森(Austin Davidson)、玛尔妮·卡普兰(Marnie Kaplan)和帕特里克·凯恩(Patrick Kane)——的辛勤工作，感谢格里格·考夫曼(Greg Kaufmann)给予我的极大帮助和支持。万分感谢杰森·德帕尔，他反复审读了本书的手稿，提出了非常全面的有益建议。还要特别感谢大卫·休珀(David Super)、哈里·霍尔泽、奥洛克·谢尔曼，以及预算和重点政策中心(Center on Budget and Policy Priorities)的同事们，拉里·米歇尔(Larry Michel)、希瑟·鲍施伊(Heather Boushey)、汤姆·金斯利(Tom Kingsley)、简·笛姆彦-艾伦菲尔德(Jane Dimyan-Ehrenfeld)、丽莎·普里查德-贝利(Lisa Pritchard-Bayley)、大卫·比伦巴奥姆(David Birenbaum)、迈克尔·瓦尔德(Michael Wald)、马克·昂内(Mark Angney)、乔希和约拿对我进行了某些所需知识的教育,并阅读了本书草稿的某些或全部内容。感谢蒂娜·海克哈巴德(Tina Hikehubbard)、琪玑·格雷森(Chickie Grayson)、凯利·卡泰尔斯(Kelly Cartales)、泰德·帕仁抽时间与我交流。还感谢乔治顿法律中心(Georgetown Law Center)主任比尔·特雷纳(Bill Treanor)和副主任罗宾·韦斯特(Robin West)及校方对我的研究和写作给予的支持,感谢凯瑟琳·蒂克纳(Kathryn Ticknor)在很多方面给予的热情帮助。最后,我永远感谢我亲爱的妻子玛丽安的不断鼓舞。

注释

第一章

1. Jason DeParle and Robert M. Gebeloff, "Living on Nothing but Food Stamps," *New York Times*, January 3,2010.

2. U. S. Department of Agriculture, "FY 2010 Allotments and Deduction Information," September 10, 2010, www. fns. usda. gov/snap/government/FY11_Al lot_Deduct. htm.

3. Food Research and Action Center, "SNAP/Food Stamp Monthly Participation Data," May 2011, frac. org/reports-and-resources/snapfood-stamp -monthly-participation-data/.

4. U. S. Department of Health and Human Services, "TANF—Caseload Data," May 26, 2011, www. acf. hhs. gov/programs/ofa/data-reports/caseload/caseload_cur rent. htm.

5. *Duplication, Overlap, and Inefficiencies in Fed. Welfare Programs: Hearing Before H. Comm. on Oversight and Gov't Reform, Subcomm. on Regulatory Affairs, Stimulus Oversight and Gov't Spending*, 112th Cong. (2011).

第二章

1. Lyndon Johnson, "Remarks upon Signing the Economic Opportunity Act," August 20, 1964, 1963 – 64 Public Papers, part 2, p. 988.

2. Arloc Sherman, "Safety Net Effective at Fighting Poverty, But Has Weakened for the Very Poorest," Center on Budget and Policy Priorities, July 6, 2009. For 2010, Sherman calculated that the poverty rate would be 28.6 percent and that 38.4 million more people would be poor in the absence of public benefits, including benefits added temporarily by the Recovery Act. Arloc Sherman, "Without the Safety Net, More Than a Quarter of Americans Would Have Been Poor Last Year," *Off the Charts* blog, Center on Budget and Policy Priorities, November 9, 2011, www.offthechartsblog.org/without-the-safety-net-more-than-a-quarter-of-americans-would-have-been-poor-last-year/.

3. Paul N. Van de Water and Arloc Sherman, "Social Security Keeps 20 Million Americans Out of Poverty: A State-by-State Analysis," Center on Budget and Policy Priorities, August 11, 2010.

4. George H. W. Bush, commencement address at the University of Michigan Graduation Ceremonies, May 4, 1991, Weekly Compilation of Presidential Documents, vol. 27, p. 563.

5. Lyndon Johnson, "Remarks at the University of Michigan Graduation Ceremonies," May 22, 1964, 1963 – 64 Public Papers, part 1, p. 704.

第三章

1. Carmen DeNavas-Walt et al., *Income, Poverty, and Health Insurance Coverage in the United States*: 2009, Current

Population Reports (Washington, DC: U. S. Government Printing Office, 2010),14, fig. 4.

2. Ibid.

3. U. S. Department of Housing and Urban Development, *The* 2010 *Annual Homeless Assessment Report to Congress* (Washington, DC: U. S. Department of Housing and Urban Development, 2010), www. hudhre. info/documents/2010HomelessAssessmentReport. pdf.

4. Paul Taylor, Rakesh Kochhar, and Richard Fry, *Wealth Gaps Rise to Record Highs Between Whites, Blacks and Hispanics* (Washington, DC: Pew Research Center, June 26, 2011), pewsocialtrends. org/files/2011/07/SDT-Wealth-Report _7-26-11_FINAL. pdf.

5. Children's Defense Fund, *The State of America's Children* 2011 (Washington, DC: Children's Defense Fund, July 18,2011),B-2, www. childrensdefense. org/ child-research-data-publications/data/state-of-americas-2011. pdf. Other facts cited in the report include: "The number of children in poverty increased 28 percent between 2000 and 2009 after dropping 27 percent between 1992 and 2000. Child poverty increased by almost 10 percent between 2008 and 2009, the largest single year increase since 1960. Children of color continue to suffer disproportionately from poverty. Black and Hispanic children are about three times as likely to be poor as White non-Hispanic children."

6. DeNavas-Walt et al., *Income, Poverty, and Health Insurance Coverage*, 55.

7. Rebecca M. Blank and Mark H. Greenberg, *Improving the Measurement of Poverty* (Washington, DC: Brookings Institution, December 2008), 6, www. brookings. edu/~/media/Files/rc/papers/2008/12_poverty_measurement_blank/

12_poverty_measurement_blank. pdf.

8. U. S. Census Bureau, "Tables of NAS-Based Poverty Estimates: 2009," February 16, 2011, www. census. gov/hhes/povmeas/data/nas/tables/2009/index. html.

9. Kathleen Short, "The Research Supplemental Poverty Measure: 2010," U. S. Census Bureau, November 2011; Sabrina Tavernese and Robert Gebeloff, "New Way to Tally Poor Recasts View of Poverty," *New York Times*, November 1, 2011. The poverty line for a family of four under the SPM was $24,343 in 2010 (with adjustments for regional variations in income), as opposed to $22,113 under the official measure. The SPM adds SNAP, the school lunch program; WIC (the Supplementary Nutrition Program for Women, Infants, and Children); housing subsidies; and LIHEAP (Low-Income Home Energy Assistance) to income and subtracts taxes (but adds the EITC and other credits), work-related expenses, child care expenses, medical out-of-pocket expenses, and child support paid.

10. Heather Boushey et al., *Hardships in America: The Real Story of Working Families* (Washington, DC: Economic Policy Institute, 2001).

11. Wider Opportunities for Women, *The Basic Economic Security Tables for the United States* (Washington, DC: Wider Opportunities for Women, 2010), www. wowonline. org/documents/BESTIndexforTheUnitedStates2010. pdf.

12. Sabrina Tavernese, "Outside Cleveland, Snapshots of Poverty's Surge in the Suburbs," *New York Times*, October 25, 2011.

13. U. S. Census Bureau, *Annual Social and Economic Supplement*, Current Population Survey, 2010, table POV27-001.

14. Half in Ten, *Top 10 Findings from Half in Ten's Inaugural Report Tracking Our Progress Reducing Poverty* (Washington, DC: Center for American Progress, October 26, 2011).

15. Julia B. Isaacs, Isabel V. Sawhill, and Ron Haskins, *Getting Ahead or Losing Ground: Economic Mobility in America* (Washington, DC: Brookings Institution Press, 2008),76.

16. Lawrence Mishel, Jared Bernstein, and Heidi Shierholz, *The State of Working America* 2008/2009 (Ithaca, NY: ILA Press/Economic Policy Institute, 2009).

17. Isaacs, Sawhill, and Haskins, *Getting Ahead or Losing Ground*, 52,75.

18. Robert Pear, "It's Official: The Rich Get Richer," *New York Times*, October 26,2011.

19. Isabel V. Sawhill and John E. Morton, *Economic Mobility: Is the American Dream Alive and Well?* (Washington, DC: Economic Mobility Project, 2007),3.

20. Heather Boushey and Christian E. Weller, "What the Numbers Tell Us," in *Inequality Matters: The Growing Economic Divide in America and Its Poisonous Consequences*, ed. James Lardner and David Smith (New York: The New Press, 2005).

21. Avi Feller and Chad Stone, *Top 1 percent of Americans Reaped Two-Thirds of Income Gains in Last Expansion* (Washington, DC: Center on Budget and Policy Priorities, September 9,2009).

22. U. S. Census Bureau, *Annual Social and Economic Supplement*.

23. Ibid.

24. Arloc Sherman, "Safety Net Effective at Fighting

Poverty but Has Weakened for the Very Poorest," Center for Budget and Policy Priorities, July 6,2009.

25. Stockholm International Peace Research Institute, "SIPRI Military Expenditure Database," 2010, www. sipri. org/ databases/milex.

26. U. S. Census Bureau, *Annual Social and Economic Supplement*.

27. Joyce A. Martin et al. , *Births: Final Data for* 2008, National Vital Statistics Reports (Hyattsville, MD: National Center for Health Statistics, December 8,2010),21, table 1.

28. David T. Ellwood and Christopher Jencks, "The Uneven Spread of Single- Parent Families: What Do We Know? Where Do We Look for Answers?" in *Social Inequality*, ed. Kathryn M. Neckerman (New York: Russell Sage Foundation, 2004),17, fig. 1. 9.

29. Stephanie J. Ventura, *Changing Patterns of Nonmarital Childbearing in the United States*, NCHS data brief (Hyattsville, MD: National Center for Health Statistics, May 2009),5, fig. 6.

30. Martin et al. , *Births: Final Data for* 2008, 21, table 1.

31. Stephanie J. Ventura et al. , "The Demography of Out-of-Wedlock Childbearing," in *Report to Congress on Out-of-Wedlock Childbearing* (Hyattsville, MD: National Center for Health Statistics, 1995), 10, fig. II-1; Martin et al. , *Births: Final Data for* 2008, 47, table 16.

32. Ventura, *Changing Patterns of Nonmarital Childbearing in the United States*, 2.

33. Sara McLanahan, "Fragile Families and the Reproduction of Poverty," *Annals of the American Academy of Political and Social Science* 621, no. 1 (January 2009): 112.

34. Ellwood and Jencks, "Uneven Spread of Single-Parent

Families," 47 - 48.

35. William Julius Wilson, *The Truly Disadvantaged: The Inner City, the Underclass, and Public Policy* (Chicago: University of Chicago Press, 1987).

36. McLanahan, "Fragile Families and the Reproduction of Poverty," 116.

37. Kathryn L. S. Pettit and G. Thomas Kingsley, *Concentrated Poverty: A Change in Course* (Washington, DC: Urban Institute, 2003), www. urban. org/Up loadedPDF/310790_NCUA2. pdf.

38. U. S. Census Bureau, *Annual Social and Economic Supplement*.

第四章

1. James Tobin, "It Can Be Done! Conquering Poverty in the US by 1976," *New Republic*, June 3,1967,14 - 18.

2. Ibid., 16.

3. Ibid., 18.

4. Claudia Goldin and Lawrence F. Katz, "Long-Run Changes in the Wage Structure: Narrowing, Widening, Polarizing," *Brookings Papers on Economic Activity* 2 (Washington, DC: Brookings Institution, 2007),135.

5. Lawrence Mishel, Jared Bernstein, and Heidi Shierholz, *The State of Working America* 2008/2009 (Ithaca, NY: ILR Press/Economic Policy Institute, 2009).

6. Frank Levy and Peter Temin, "Inequality and Institutions in 20th Century America," working paper, MIT, Cambridge, MA, June 27,2007,31 - 32.

7. Economic Policy Institute, "The Real Value of the Minimum Wage, 1960 - 2010," www. stateofworkingamerica. org/files/images/orig/Wages_minwage. png.

8. Lane Kenworthy, "Low Wage Jobs and No Wage Growth: Is There a Way Out?" New America Foundation, June 2011, growth. newamerica. net/sites/newam erica. net/files/policydocs/Kenworthy. pdf.

9. Jacob Hacker and Paul Pierson, *Winner-Take-All Politics* (New York: Simon & Schuster, 2011),129 – 31.

10. Ibid., 99.

11. Barry Hirsch, "Sluggish Institutions in a Dynamic World: Can Unions and Industrial Competition Coexist?" *Journal of Economic Perspectives* 22, no. 1 (2008): 153 – 76.

12. Ibid., 161.

13. Jefferson Cowie, *Stayin' Alive: The 1970s and the Last Days of the Working Class* (New York: The New Press, 2010),2.

14. Leo Troy and Neil Sheflin, *U. S. Union Sourcebook* (IRDIS, 1985).

15. Bureau of Labor Statistics, "Union Members—2010," January 21,2011, www. bls. gov/news. release/pdf/union2. pdf.

16. Hirsch, "Sluggish Institutions in a Dynamic World," 156; Bureau of Labor Statistics, "Union Members—2010."

17. Francine Blau and Lawrence Kahn, "International Differences in Male Wage Inequality: Institutional versus Market Forces," *Journal of Political Economy* 104, no. 4 (1996): 791 – 837.

18. David Card and Alan B. Krueger, *Myth and Measurement: The New Economics of the Minimum Wage* (Princeton: Princeton University Press: 1995),277 – 79.

19. David Card and Alan B. Krueger, "Minimum Wages and Employment: A Case Study of the Fast Food Industry in New Jersey and Pennsylvania," *American Economic Review*, September 1994,772.

20. David Neumark and William Wascher, " Minimum Wages and Low- Wage Workers: How Well Does Reality Match the Rhetoric?" *Minnesota Law Review* 92(2008): 1296 - 316.

21. House Committee on Financial Services Committee, *Conduct of Monetary Policy: Hearing Before the Committee on Financial Services*, 107th Cong. , 1st sess. , July 18,2001,14.

22. Heather Boushey, "The New Breadwinners," in *The Shriver Report: A Woman's Nation Changes Everything*, ed. Heather Boushey and Ann O'Leary (Washington, DC: Center For American Progress, 2009),33.

23. Ibid. , 35.

24. Ibid. , 32.

25. Timothy Grall, *Custodial Mothers and Fathers and Their Child Support*: 2007 (Washington, DC: U. S. Department of Congress, 2007),9.

26. George J. Borjas, Richard B. Freeman, Lawrence F. Katz, John DiNardo, and John M. Abowd, " How Much Do Immigration and Trade Affect Labor Market Outcomes?" *Brookings Papers on Economic Activity* 1997, no. 1 (1997): 5 - 9.

27. Ibid. , 65.

28. George Borjas, " The Labor Demand Curve Is Downward Sloping: Reexamining the Impact of Immigration on the Labor Market," *Quarterly Journal of Economics* 118, no. 4 (2003): 1335 - 74.

29. David Card, "Is the New Immigration Really So Bad?" *Economic Journal* 115, no. 4 (2005): F300 - F323.

30. David Autor, David Dorn, and Gordon Hanson, "The China Syndrome: Local Labor Market Effects of Import Competition in the United States," working paper, MIT, Cambridge, MA, June 2011,18.

31. Claudia Goldin and Lawrence Katz, *The Race Between*

Education and Technology (Cambridge, MA: Belknap Press of Harvard University Press, 2008),4.

32. Remarks Prepared for Delivery by Treasury Secretary Henry H. Paulson at Columbia University, August 1,2006.

33. Ibid.

34. Nick Taylor, *American-Made: When FDR Put the Nation to Work* (New York: Bantam Dell, 2009),541 – 49.

35. Charles B. Blow, "They, Too, Sing America," *New York Times*, July 16,2011.

36. Harry J. Holzer and Robert I. Lerman, "The Future of Middle-Skill Jobs," brief 41, Center on Children and Families, 2009,3 – 7; see also Harry J. Holzer and Robert I. Lerman, "America's Forgotten Middle-Skill Jobs: Education and Training Requirements in the Next Decade and Beyond," working paper, Workforce Alliance, Washington, DC, 2007.

37. Karen Martinson, Alexandra Stanczyk, and Lauren Eyster, "Low-Skill Workers Access to Quality Green Jobs," brief 13, Urban Institute, Washington, DC, 2010.

38. Ibid., 1.

39. Kyle Boyd, "The Color of Help: Workers of Color Dominate Domestic Services but Lack Union Rights," Center for American Progress, June 17, 2011, www. americanprogress. org/issues/2011/06/color_of_help. html.

40. Annette Bernhardt et al., *Broken Laws, Unprotected Workers: Violations of Employment and Labor Laws in America's Cities* (New York: Center for Urban Economic Development at UIC, 2008), www. nelp. org/page/-/brokenlaws/Broken LawsReport2009. pdf.

41. Scott Martelle, *Confronting the Gloves-Off Economy* (Chicago: Labor and Employment Relations Association, 2009),3.

42. Bernhardt et al. , *Broken Laws , Unprotected Workers.*

43. U. S. Government Accountability Office, *Fair Labor Standards Act: Better Use of Available Resources and Consistent Reporting Could Improve Compliance*, GAO-08-962T, July 15,2008,1.

44. National Employment Law Project, *Winning Wage Justice: An Advocate's Guide to State and City Policies to Fight Wage Theft* (New York: National Employment Law Project, 2011),41.

45. Just Pay Working Group, *Just Pay: Improving Wage and Hour Enforcement at the United States Department of Labor* (New York: National Employment Law Project, 2011).

46. Hacker and Pierson, *Winner-Take-All Politics*, 60, 270,278 – 79.

47. Until the end of 2012, the EITC adds $5,751 to the income of a minimumwage worker with three children. This provision was added temporarily as part of the Recovery Act in 2009.

48. "Preview of 2011 EITC Income Limits, Maximum Credit Amounts and Tax Law Updates," Internal Revenue Service, www. irs. gov/individuals/article/ 0, , id = 233839, 00. html.

49. Center for American Progress Task Force on Poverty, *From Poverty to Prosperity: A National Strategy to Cut Poverty in Half* (Washington, DC: Center for American Progress, 2007) 27 – 29.

50. Peter Edelman, Harry Holzer, and Paul Offner, *Reconnecting Disadvantaged Young Men* (Washington, DC: Urban Institute Press, 2006).

51. "Child Tax Credit: Publication 972," Internal Revenue Service, www. irs. gov/pub/irs-pdf/p972. pdf.

52. Her Majesty's Treasury, *The Child and Working Tax Credits: The Modernisation of Britain's Tax and Benefit System* (London: HM Treasury, 2002).

53. Congressional Budget Office, "Letter to the Honorable Nancy Pelosi Providing an Analysis of the Reconciliation Proposal," March 20,2010.

54. Text of President Nixon's veto message of the Child Development Act of 1971, *Congressional Record*, December 10, 1971,46057－59.

55. Center for American Progress Task Force on Poverty, *From Poverty to Prosperity: A National Strategy to Cut Poverty in Half* (Washington, DC: Center for American Progress, 2007) 31－33.

56. National Low Income Housing Coalition, *Out of Reach 2011* (Washington, DC: National Low Income Housing Coalition, 2011),1.

57. Ibid., 6.

第五章

1. Arloc Sherman, "Safety Net Effective at Fighting Poverty but Has Weakened for the Very Poorest," Center on Budget and Policy Priorities, July 6, 2009, www. cbpp. org/files/7-6-09pov. pdf; Jason DeParle, Robert Gebeloff, and Sabrina Tavernise, "Experts Say Bleak Portrait of Poverty Missed the Mark," *New York Times*, November 4,2011.

2. 谨此说明一下,贫困人口普查数据根本不包括无家可归者,也不包括养老院的低收入老人,后者的基本需求经常由医疗补助支付。(包括谢尔曼在内的大多数贫困衡量指标都不把医疗补助金算作收入,因为专家们认为,这些福利不能以任何可预见的方式用于支付日常账单。)

3. Southern Education Foundation, *Update: Worst of*

Times: *Extreme Poverty in the United States*, 2009 (Atlanta: Southern Education Foundation, December 22, 2010), www.sefatl.org/pdf/Extreme%20Poverty-%20Update-12-21-10.pdf.

4. U. S. Department of Health and Human Services, "TANF—Caseload Data."

5. U. S. Department of Health and Human Services, *Indicators of Welfare Dependence*, *Annual Report to Congress*, 2008, table IND 4a, aspe.hhs.gov/hsp/indicators08/index.shtml.

6. Jim Kaminski, *Trends in Welfare Caseloads* (Washington, DC: Urban Institute, n. d.), www.urban.org/uploadedpdf/TANF_caseload.pdf.

7. Kristin Seefeldt, "When Ends Don't Meet: Debt and Its Role in Low-Income Women's Economic Coping Strategies," forthcoming in 2011.

8. Sheila R. Zedlewski et al., *Families Coping Without Earnings or Government Cash Assistance*, Assessing the New Federalism (Washington, DC: Urban Institute, February 2003), www.urban.org/UploadedPDF/410634_OP64.pdf.

9. Heather Hill and Jacqueline Kauff, *Living on Little*: *Case Studies of Iowa Families with Very Low Incomes* (Princeton, NJ: Mathematica Policy Research, August 2001), www.mathematica-mpr.com/PDFs/liveonlittle.pdf.

10. LaDonna Pavetti, "Welfare Reform Not the 'Success' Ryan Claims," *Off the Charts* blog, Center on Budget and Policy Priorities, May 25, 2011, www.off thechartsblog.org/welfare-reform-not-the-%E2%80%9Csuccess%E2%80%9D-ryan -claims/.

11. Gregory Acs, Pamela Loprest, and Tracy Roberts, *Final Synthesis Report of Findings from ASPE'S "Leavers" Grants* (Washington, DC: Urban Institute, November 27,

2001), 24, www. urban. org/UploadedPDF/410809 _ welfare _ leavers_synthe sis. pdf.

12. Gretchen Rowe, Mary Murphy, and Ei Yin Mon, *Welfare Rules Databook: State TANF Policies as of July* 2009 (Washington, DC: Urban Institute, August 2010), 114, table III. B. 3, anfdata. urban. org/databooks/Databook% 202009 % 20FINAL. pdf.

13. Pamela Loprest and Sheila Zedlewski, *The Changing Role of Welfare in the Lives of Low-Income Families with Children* (Washington, DC: Urban Institute, August 2006), www. urban. org/publications/311357. html.

14. Greg J. Duncan and Katherine Magnuson, "The Long Reach of Early Childhood Poverty," *Pathways*, Winter 2011, www. stanford. edu/group/scspi/_ media/pdf/ pathways/winter _2011/PathwaysWinter11_Duncan. pdf.

第六章

1. Eugene Robinson, *Disintegration: The Splintering of Black America* (New York: Doubleday, 2010).

2. Kathryn L. S. Pettit and G. Thomas Kingsley, *Concentrated Poverty: A Change in Course* (Washington, DC: Urban Institute, May 2003), www. urban. org/ UploadedPDF/ 310790_NCUA2. pdf.

3. Elizabeth Kneebone, Carey Nadeau, and Alan Berube, *The Re-Emergence of Concentrated Poverty: Metropolitan Trends in the* 2000*s* (Washington, DC: Brookings Institution, November 2011).

4. Ibid.

5. Alemayehu Bishaw, *Areas with Concentrated Poverty*: 1999, Census 2000 Special Reports (Washington, DC: U. S. Census Bureau, July 2005), www. census. gov/prod/2005pubs/

censr-16. pdf.

6. SANDAG, "Population and Housing Estimates, City Heights Community Planning Area," August 2010, profilewarehouse. sandag. org/profiles/est/sdcpa1456est. pdf.

7. Robert F. Kennedy, *RFK: Collected Speeches* (New York: Viking, 1993), 167.

8. *Philadelphia Empowerment Zone* 1995 – 2005 (Philadelphia: Philadelphia Empowerment Zone, May 2006).

9. Alexander Polikoff, "HOPE VI and the Deconcentration of Poverty," in *From Despair to Hope: HOPE VI and the New Promise of Public Housing in America's Cities*, ed. Henry G. Cisneros and Lora Engdahl (Washington, DC: Brookings Institution Press, 2009), 72, fig. 5-5.

10. Ibid., 70.

11. Bruce Katz, "The Origins of HOPE VI," in Cisneros and Engdahl, *From Despair to Hope*, 15.

12. Sheila Crowley, "HOPE VI: What Went Wrong," in Cisneros and Engdahl, *From Despair to Hope*, 229.

13. Kennedy, *RFK*, 176.

第七章

1. David T. Burkam and Valerie E. Lee, *Inequality at the Starting Gate: Social Background Differences in Achievement as Children Begin School* (Washington DC: Economic Policy Institute, 2002).

2. Donald J. Hernandez, "Double Jeopardy: How Third-Grade Reading Skills and Poverty Influence High School Graduation," Annie E. Casey Foundation, April 2011.

3. Christopher Hartney and Fabiana Silva, "And Justice for Some: Differential Treatment of Youth of Color in the Justice System," National Council on Crime and Delinquency, January

2007,1.

4. Michelle Alexander, *The New Jim Crow: Mass Incarceration in the Age of Colorblindness* (New York: The New Press, 2010).

5. Heather C. West, "Prison and Jail Inmates at Midyear 2009" (No. NCJ 230113), Bureau of Justice Statistics, Washington, DC, 2009.

6. Todd D. Minton, "Jail Inmates at Midyear 2010—Statistical Tables," Bureau of Justice Statistics, Washington, DC, 2010.

7. U. S. Government Accounting Office, "Report to the Chairman, Committee on Education and Labor, House of Representatives: Disconnected Youth: Federal Action Could Address Some of the Challenges Faced by Local Programs That Reconnect Youth to Education and Employment," February 2008,5-6.

8. Andrew Sum et al., *Left Behind in the Labor Market: Labor Market Problems of the Nation's Out-of-School, Young Adult Populations* (Boston: Northeastern University, Center for Labor Market Studies, 2003),9.

9. U. S. Government Accounting Office, "Report to the Chairman, Committee on Education and Labor, House of Representatives: Disconnected Youth," 6.

10. YTFG, "Understanding Transition Points," www.ytfg.org/knowledge.

11. Gary Orfield, ed., *Dropouts in America: Confronting the Graduation Rate Crisis* (Cambridge, MA: Harvard Education Press, 2004),1.

12. Michael Wald and Tia Martinez, "Connected by 25: Improving the Life Chances of the Country's Most Vulnerable 14-24 Year Olds," William and Flora Hewlett Foundation

Working Paper, November, 2003,7.

13. Tony Fabelo, Michael D. Thompson, and Martha Plotkin, "Breaking Schools' Rules: A Statewide Study of How School Discipline Relates to Students' Success and Juvenile Justice Involvement," Council of State Governments Justice Center in partnership with the Public Policy Research Institute at Texas A&M University, July 2011,45.

14. Anthony P. Carnevale, Nicole Smith, and Jeff Strohl, "Help Wanted: Projections of Jobs and Education Requirements Through 2018," Georgetown Center on Education and the Workforce, June 2010,13.

15. Ibid., 26.

16. Ibid., 106.

17. NAF, "About NAF," naf. org/about-naf.

18. James J. Kemple, "Career Academies: Impacts on Labor Market Outcomes an Educational Attainment," Manpower Demonstration Research Corporation, New York, March 2004, ES-9.

19. James J. Kemple and Jason C. Snipes, "Career Academies Impacts on Students' Engagement and Performance in High School," Manpower Demonstration Research Corporation, New York, February 2000,47.

20. Kemple, "Career Academies: Impacts on Labor Market Outcomes and Educational Attainment," 16.

21. James J. Kemple and Cynthia J. Willner, "Career Academies: Long-Term Impacts on Labor Market Outcomes, Educational Attainment, and Transitions to Adulthood," Manpower Demonstration Research Corporation, New York, 2008,17.

22. Alison L. Fraser, "Vocational-Technical Education in Massachusetts," Pioneer Institute White Paper, No. 42,

October 2008,6.

23. Ibid., 8.

24. Gateway to College, 2010 Annual Report, 2011, www. gatewaytocollege. org/pdf/2010% 20Annual% 20Report. pdf.

25. Lili Allen and Rebecca E. Wolfe, "Back on Track to College: A Texas School District Leverages State Policy to Put Dropouts on the Path to Success," Jobs for the Future, September 2010, 5, www. jff. org/sites/default/files/BackOnTrackCCTA-091510. pdf.

26. Cheryl Almeida, Cassius Johnson, and Adria Steinberg, "Making Good on a Promise: What Policymakers Can Do to Support the Educational Persistence of Dropouts," Jobs for the Future, April 2006,3.

27. YouthBuild USA, "About YouthBuild," www. youthbuild. org/site/c. htIRI3PI KoG/b. 1223921/k. BD3C/Home. htm.

28. YouthBuild USA, "10,000 Students and Workers Lose Educational Opportunities and Jobs," press release, May 18, 2011, www. youthbuild. org/site/apps/nl/newsletter2. asp? b = 1286765&c = htIRI3PIKoG.

29. YouthBuild USA, "About Us," www. youthbuild. org/site/c. htIRI3PIKoG/b. 1223923/k. C7D6/About_Us. htm.

30. YouthBuild, "Effective Local Youth Programs Lose Federal Funding— More Than 120 YouthBuild Programs Face Funding Loss, Possible Closure," press release, May 18,2011, www. youthbuild. org/site/apps/nlnet/content2. aspx? c = htIRI3PIKoG&b = 1321681&ct = 10884369&notoc = 1.

31. YouthBuild USA, "YouthBuild Demographics and Outcomes," www. youth build. org/site/c. htIRI3PIKoG/b. 1418407/k. 6738/YouthBuild _ Demographics _ and _ Outcomes.

htm.

32. The Corps Network, "Service and Conservation Corps," www. corpsnetwork. org/index. php? option = com_content&view = article&id = 84&Itemid = 64.

33. David Bornstein, "Training Youths in the Ways of the Workplace," *New York Times*, January 4, 2011, opinionator. blogs. nytimes. com/2011/01/24/an-education-in-the-ways-of-the-workplace/.

34. "Mayor Bloomberg Launches Nation's Most Comprehensive Effort to Tackle Disparities Between Young Black and Latino Males and Their Peers," press release, August 4, 2011, www. nyc. gov/html/om/html/2011b/pr282-11. html.

35. Anne Roder and Mark Elliott, "A Promising Start: Year Up's Initial Impacts on Low-Income Young Adults' Careers," Economic Mobility Corporation, New York, April 2011, 1.